「ニコニコママ」にハズレなし!

著・田中章義＋新藤孝彰

挿画　山川典夫

風音色

「ニコニコママ」にハズレなし！　目次

まえがき

『男性は一生女性には敵わない』といつも思っています。それを分かっているからこそ、女性は男性を立ててくれて、偉そうにしているさまを後ろでニコニコと見守ってくれるのでしょう。この世の中は、たったひとつの願いを中心に動いています。

『こどもたちがすこやかに育ち、この命の繋がりがいつまでも続きますように』

そのために必要なママの笑顔が曇り、イライラの連鎖がとまらない現状を救うためには、今こそ力強いパパの背中が必要です！が、それにはもう少し時間が掛かりそうなので、ママたち自身の心に少しでも余裕が生まれるようなちょっとしたきっかけとなるものを、この本の中にちりばめることにしました。

この本で取りあげているテーマは、たくさんの子育てママからアンケートをいただき、その中から特に質問や要望の多かったものを厳選したものです。どれも真剣に受け止め、お答えしました。私自身の引き出しの中にあるものだけではなく、専門家や子育て中のママ、園の先生たちや保護者のみなさんといった、多くの方のお力もお借りしています。実際に悩み、それを乗り越えた人たちの生の声がたくさん詰まっています。

『ちゃんとした教育』や『立派なママ』は幻想です。それに振り回されず、どうぞご自分の信念に従って、気持ちに余裕のあるおだやかな人生をイメージしてみて下さい。

子育てに正解はありませんが、笑顔あふれる子育てに失敗はありません。自分を想ってくれる人がいる、これだけでこの世に生まれてよかったと思いませんか。

あなたにかわいがってもらいたいから、あなたから生まれてきた。あなたはこどもの自慢のママです。胸を張って、どうぞご自分の人生も楽しんでください。

ママが笑ってくれるから、パパもこどもも頑張れるのです。この本を読んでくれた子育てママやパパの気持ちが少しでも楽になり、こどもたちがこの国の未来を盛り上げてくれるような大人になってくれたなら、こんなに嬉しいことはありません。

『良いことも悪いことも全部ひっくるめて、大人って楽しいじゃないか！』と、こどもに自慢してやりましょう。それではどうぞ肩の力を抜いて、お気軽に本書をお楽しみください。

本書の発刊に際し、第五章「注目の施設」をご担当頂きました歌人　田中章義先生には、章扉の短歌や園への取材をはじめ、随時適切なアドバイスを賜り、厚く御礼申し上げます。

また、度重なる取材にご協力頂きました、若盛正城様、加藤よしえ様、細野恵子様、久間佳代子様、川口ふたば幼稚園のお母様方、恩師・高濱正伸様、皆様のお力添えで本書が完成いたしました。皆様のご厚情に感謝するとともに、この本が多くのママパパを笑顔に出来ることを信じて……。

二〇一四年一〇月

新藤孝彰

第１章 「ようこそ素敵な新米ママ！」

小さな指で何度も何度も練習する
自分の名前とママのお名前

Q、幼稚園と保育園、私たちの場合はどちらを選べばいいですか？

『園』とひとくちに言っても、たくさんの種類や呼び方があります。多過ぎてどこを選んだらいいのか、調べれば調べるほど分からなくなってきます。ここでひとつスッキリさせておきましょう。大事な部分だけ表でまとめました。（表一）

ひとつひとつの説明はあとにして、まず肝心の園選びのポイントからお話しします。

『ご家庭の生活環境に合う無理のない選択』を最優先に考えて下さい。

こどもにとって最良の環境を選んであげたい、そのためならどんな苦労をしても構わない。素敵なお考えですが、これには大きな落とし穴があります。一度や二度ならいいのですが、園生活とは日常の連続です。ママとパパにとって無理のない、ベターな環境でなければ、心にゆとりをもって通うことは難しいでしょう。特にママから笑顔が消えてしまったら、どんな素敵な園でもこどもは楽しく過ごすことは出来なくなってしまいます。

ママとパパが安定していれば、どんな場所でもこどもは楽しく生きていけます。働くマ

～ 子育てどこにする？ ～

表一

幼稚園

3～5才児

法令：学校教育法　　指導：幼稚園教諭
管轄：文部科学省　　時間：4時間/日
方針：幼稚園教育要領　日数：39週以上/年
運営：学校法人　　～通知表あり～

保護者の就労に関わらない
保育料定額（現行）
施設選択自由（直接契約）

食育　給食・お弁当
教育　学力偏重
ママ友交流　送迎・ＰＴＡ等頻繁

保育園

0～5才児
「保育に欠けるこども」

法令：児童福祉法　　指導：保育士
管轄：厚生労働省　　時間：8時間/日（原則）
方針：保育所保育指針　日数：規定なし
運営：社会福祉法人（認可の場合）

認可
保護者の就労が条件
保育料変動（世帯収入による）
施設選択制限（自治体が決定）

認可外
無認可
保護者の就労に関わらない
保育料定額
施設選択自由（直接契約）

食育　完全給食
教育　ゆとり偏重
ママ友交流　運動会等　希薄

認定こども園

0～5才児
平成２７年度から施行

法令：子ども・子育て関連３法
管轄：内閣府・文科省・厚労省
運営：学校法人・社会福祉法人

保護者の就労に関わらない
施設選択自由（直接契約）
子育て家庭への相談活動

指導：０～２歳児は保育士
　　　3～５才児は教員免許保持者　（教保併有が望ましい）
時間：
日数：　施設のタイプによる

認定こども園について詳しくは
http://www.youho.go.jp/

ママやパパは保育園を選び、可能な範囲で園行事に参加してあげてください。周囲の協力が得られ、ご家庭の状況が許すのであれば、教育方針に合った幼稚園に通わせてもいいでしょう。家から一番近い園を選ぶのは間違いではありません。『通いやすい』は重要な要素です。どの園もこどものためになり、こどものことを強く想ってくれる先生たちばかりです。こどものためを想うからこそ、出来る範囲での努力をお願いします。ママとパパの心の余裕そのものが、こどもにとっての笑顔の源です。

さて、ここからは細かい説明に入ります。出来るだけ簡単にまとめたつもりですが、それでもとても複雑なので、すべて理解する必要はありません。無理に読まなくてもまったく問題ありませんので、詳しく知りたい！　という方のみ読んでいただければと思います。

まず一つめ、『幼稚園』についてです。幼稚園は、文部科学省が管轄のれっきとした『学校』です。先生は皆、『幼稚園教諭』という免許を持っている学校の先生です。『幼稚園教育要領』という教育課程に基づき、集団生活を円滑に行えるよう、こどもたちはさまざまなことを学んでいきます。三〜五歳児を対象とし、通常の保育時間は一〇時〜一四時の四時間、その前後に自由保育の時間や、延長保育の時間を設けているところもあります。

また、一～三歳児を対象とした未就園児教室や課外教室など、その他の事業に取り組んでいるところもあります。月々の保育料は園によってさまざまです。入園の申し込みは園に直接行います。（空きがあれば好きな園に入れます）

平成二七年度から始まる新しい制度によって、幼稚園の中でもふたつの形態が存在するようになります。ひとつは現行のまま、もうひとつは『施設型給付を受ける』形態となります。非常にややこしいので簡単にお話しします。

現行の幼稚園…園が定めた額の保育料

施設型給付　…家庭の経済状況に応じ、自治体が定めた額の保育料

保護者にとっての大きなポイントはこの一点です。とはいえ、金額に大きな差が出るわけではありません。国と運営施設（園）の関わり方には大きな変化が現れますが、こどもや保護者への影響は少ないので、気になる方は直接通っている園にお尋ねください。

次に二つめ、『保育園』についてです。実は、『保育園』という呼び方は適切ではありません。法律上の正式な呼び方は『保育所』と言います。保育園とは通称のことであり、世の中に浸透しているものの大半はこう呼びますが、正しくは「国や自治体に申請している

『保育所』の名称が〇〇保育園」です。この点はよく誤解されるのですが、この本では分かりやすくするために、あえて保育園という通称を使用してお話していきたいと思います。保育園は、厚生労働省が管轄の『児童福祉施設』です。先生は『保育士資格』を持つ、児童福祉の専門家です。『保育所保育指針』に基づき、こどもの生活を通して発達の援助を行っていきます。〇〜五歳児を対象とし、通常の保育時間はおおむね八時〜一七時の九時間、その前後に早朝保育や延長保育を設けている場合がほとんどです。また、一時保育施設や学童保育などのこどもの生活を支援する事業を行っているところもあります。

さて、この『保育園』ですが、ここからさらに三つに分かれます。

① 認可保育所（いわゆる認可保育園）…国の定める設置基準を満たし国からの補助を受けながら運営する施設

② 認可外保育所（いわゆる無認可保育園）…国の定める設置基準は満たしていないが、県や区や市など自治体からの補助を受けながら運営する施設

③ ①・②以外のどこからも補助を受けていない無認可保育所、となります。

①は一般的な保育園のことです。施設の広さ、こどもひとりあたりに対する保育士の数

など、国の求める基準をクリアしたものですから、心配なく預けることが出来ます。入園の申し込みは園ではなく役所に申請をし、その時点で空きのある園に割り振られるため、必ずしも希望の保育所に行けるわけではありません。月々の保育料は国からの補助があるため比較的安くなっています。（ご家庭の経済状況により増減します）

②は、国の基準は満たしていないものの、県や区や市が定めた基準を満たしている保育園のことです。自治体によって呼び方が変わります。（例：東京都…認証保育所　さいたま市…ナーサリールーム　など）大都市や駅前など、国の基準を満たすことが難しい場所でのニーズに応えるために、県や区や市が独自に定めた基準を満たしている施設のことです。入園の申し込みは①と違い、園と直接行います。月々の保育料は①よりも若干高くなる傾向にあるようですが、①と比べて長時間預かってもらえる場合もあります。比較的、①に近い状態での運営が期待されます。

③は、それ以外の保育園のことです。自治体に申請は任意であり、保育内容や預かり時間も施設によってさまざまです。特徴のある保育を受けることが出来たり、二四時間預けることが出来たり、不規則な時間帯や長い時間を働くママにとっては嬉しいシステムを備

えている園もあります。ですが、その分高額な保育料であったり、悪質なものになると、不衛生な環境や、保育士でない無資格の人間が先生と名乗っている場合もありますので、慎重な判断が必要です。入園の申し込みは②と同じく、園に直接行います。

そして三つめとなるのが、比較的新しい制度である『認定こども園』です。働くママが増えて、保育園に入れない待機児童が増えた問題を解消するため、受け皿として幼稚園の活用を考えたことが始まりです。平成一八年一〇月から始まり、徐々に数を増やしていき、平成二六年四月には全国で一三五九件の認定件数となりました。(厚生労働省調べ)管轄は、文部科学省と厚生労働省が共同で行っています。幼稚園や保育園の数と比べるとまだまだ数も少ないですが、(幼稚園の数は全国でおよそ一万三〇〇〇件、保育園はおよそ二万二〇〇〇件)今後さらなる改善が期待されますので、これからが楽しみな制度と言えます。国による方向性は示されてはいますが、制度としては発展途上な部分が多いため、浸透するにはまだまだ時間が必要です。平成二七年度からは『子ども・子育て支援新制度』として再スタートし、四つの形態に分けることが出来ます。

①　幼保連携型

幼稚園と保育園が連携して一体的な運営をする複合施設です。幼稚園の教育を受ける三～五歳児と、保育園の保育を受ける〇～五歳児がいます。

② 幼稚園型

既存の幼稚園が保育園的な機能を備えて運営する施設です。幼稚園の教育を受ける三～五歳児と、保育園の保育を受ける三～五歳児がいます。

③ 保育園型

既存の保育園が幼稚園的な機能を備えて運営する施設です。保育園の保育を受ける〇～五歳児と、幼稚園の教育を受ける三～五歳児がいます。

④ 地方裁量型

幼稚園や保育園の認可を受けていない施設が、地方自治体の裁量によって認定こども園となったものです。

（入園の申し込みはどれも同じく、園に直接行います。保育料は施設・形態によってそれぞれ違います）

新制度については、幼稚園や保育園からの移行を国から促されているものの、現状では様子見の選択をとる園が多いようです。（特に私立の幼稚園）地方によって自治体の判断や状況が大きく違いますので、気になる方は地域の役所や、通われている園に直接問い合わせてみて下さい。

Q、地元の保育園が定員オーバーで入れません。
預かってもらえないこどもはどうしたらいいのですか？

全国の働くママが困っていること。「働きたいのに、こどもを預ける場所がない！」「四四一一八人」これは全国の保育所に入ることの出来ない待機児童の数です。（平成二五年一〇月　厚生労働省調べ）

どんなママも、出来ることならいつもこどものそばに居てあげたいと思っているでしょう。大切なこどものためだからこそママは働きに出るのですから。国や自治体はもちろんですが、受け入れる施設としても可能な限り解消したい問題です。ママひとりで抱えるのではなく、たくさんの大人が一緒になって子育てを考えることが本来の教育であり、園とはそのためにあります。

ご家庭の経済状況や働くママの時間帯によって、さまざまなシステムや施設を利用することが出来ます。ひとりで抱え込まずに、みんなで前向きに考えていきましょう！

① 出来ることなら働きながら幼稚園で学ばせたい

幼稚園でこどもをお預かりできる時間帯は、八時三〇分～一四時三〇分が一般的です。が、園によっては登園前の早朝保育として七時ころから受け入れ可能としているところや、降園後の延長保育として一九時ころまでお預かりしているところもあります。それぞれ別途費用がかかってしまうようですが、金額を計算してみると、保育園に通わせる費用とそう変わらなかったりもします。（ご家庭の所得状況によります）私の園がいわゆるこのタイプになります。早朝保育こそありませんが、パパとママがふたりで働く家庭のこどもにも可能な限りの教育を、との願いから始めた延長保育は一九時までお預かりしており、希望される方はバスでご自宅までの送迎も可能です。（一部例外もあります）例としてあげましたが、このような考えを持つ幼稚園は年々増えているようです。幼稚園には少ししか居られないからと諦めず、まずはお近くの園に相談してみてはいかがでしょうか？

また、働くママをお手伝いしてくれる頼もしい事業もあります。「ファミリーサポートセンター」という名前を聞いたことがありますか？　厚生労働省主導のもと、自治体やＮＰＯ法人が頑張っているパパやママの助っ人としてお手伝いをしてくれる、心強い活動のことです。「朝早く出勤するため、幼稚園の登園時間までこどもと一緒にいられない」「上のお兄ちゃんの学校行事があって幼稚園のお迎えにいけない」などの問題を、地域の大人たちがサポートしてくれるこのシステム。まずは事前登録をし、お手伝いのパートナーと『お見合い』をしてからお付き合いが始まります。元保育士や、元幼稚園教諭、育児継続中のママや育児を卒業された祖父母などが活動されているようですから、一度説明会などに参加されてみてはいかがでしょうか。

詳しくは『厚生労働省　ファミリーサポートセンター』で検索してみて下さい。（平成二五年度付けで、七三八市区町村での実績があります）

② 認可外保育園で長時間預かってもらいたい

認可保育園のキャンセル待ちや、更なる長時間の預かりを求めて認可外保育園を探す場合は、事前にしっかりと情報を集めてからその施設に通わせるようにしましょう。ここでの情報収集とは、本やインターネットのことだけではありません。実際に自分でその施設を見学したり、そこに通うママに話を聞いたり、場合によっては施設長（園長）に直接質問をして得られる、生きた情報のことです。認可外保育園には、本当にさまざまな種類とそしてさまざまな質の保育形態があります。（『幼稚園と保育園の違いは？』参照）市区町村から助成を受けているタイプの認可外保育園の情報は、役所の窓口に尋ねれば詳細や一覧表など最新の情報を教えてくれる場合があります。自治体からの助成を受けていない施設の情報は、直接訪ねて実際の雰囲気を肌で感じた方がいいでしょう。

どこの施設を選んだとしても、パパやママ自身がしっかりと吟味したものであれば、こどもはきっと楽しい毎日を過ごせるはずです。働く場所によっては、その職場の中に小規模の保育室を設けているところもありますので、仕事選びの基準にしてもいいかもしれませんね。こどもの笑顔のためには、まずは働くパパママの笑顔が保てるような居場所を見つけ出しましょう。

※ 参考までに、厚生労働省の定める『よい保育施設の選び方一〇か条』を転載します。大切なお子さんを預ける施設です。くれぐれも慎重に！

一 まずは情報収集を
・市区町村の保育担当課で、情報の収集や相談をしましょう
二 事前に見学を
・決める前に必ず施設を見学しましょう
三 見た目だけで決めないで
・キャッチフレーズ、建物の外観や壁紙がきれい、保育料が安いなど、見た目だけで決めるのはやめましょう
四 部屋の中まで入って見て
・見学のときは、必ず、子どもたちがいる保育室の中まで入らせてもらいましょう
五 子どもたちの様子を見て
・子どもたちの表情がいきいきとしているか、見てみましょう
六 保育する人の様子を見て

・保育する人の数が十分か、聞いてみましょう
・保育士の資格を持つ人がいるか、聞いてみましょう
・保育する人が笑顔で子どもたちに接しているか、見てみましょう
・保育する人の中には経験が豊かな人もいるか、見てみましょう

七　施設の様子を見て

・赤ちゃんが静かに眠れる場所があるか、また、子どもが動き回れる十分な広さがあるか、見てみましょう
・遊び道具がそろっているかを見て、また、外遊びをしているか聞いてみましょう
・陽あたりや風とおしがよいか、また、清潔か、見てみましょう
・災害のときのための避難口や避難階段があるか、見てみましょう

八　保育の方針を聞いて

・園長や保育する人から、保育の考え方や内容について、聞いてみましょう
・どんな給食が出されているか、聞いてみましょう
・連絡帳などでの家庭との連絡や参観の機会などがあるか、聞いてみましょう

九　預けはじめてからもチェックを

・預けはじめてからも、保育のしかたや子どもの様子を見てみましょう

十　不満や疑問は率直に

・不満や疑問があったら、すぐ相談してみましょう、誠実に対応してくれるでしょう

Q、おむつをとりたい、効果的なトレーニングは?

最近のおむつは本当に高性能です。かぶれないし、すぐ吸収します。ママからすればありがたい話ですが、それに頼りすぎてしまうとかえって外せなくなります。自然に外れるでしょ、なんて期待してもなかなかうまくいきません。こどもがそれを当たり前と思っているうちは難しいです。

『とれない』のは、外すとおトイレを失敗しちゃうから。後始末は大変ですものね。でもそれは、「自転車に乗りたいんだけど転びたくないんだよなぁ…」と悩んでるようなものです。何回も転んで、身体で覚えて。その先にある「やったぁ乗れた!」の体験は、頑張って手に入れたからこそ価値のある喜びです。

こどもの発達の度合いからいけば、三歳になるころには充分に外せます。(もちろん体質や個人差もあります) もし外せなかったとしても、全く焦らなくていいです。大人になってもおむつを外せない子はいませんから。それくらいのんびり構えましょう。「おとなりの○○ちゃんはもう外れてるのに！」なんてピリピリするのは心に良くないです。その子は世界にただひとり。その子のライバルはいつだって昨日のじぶんです。

「おトイレ行きたい、って言えてえらいね！」「ひとりで出来ちゃうの？　すっご〜い！」何度も何度も失敗するかもしれませんが、出来た部分だけを褒めて、こどもの頑張りを認めながら伸ばしていきましょう。うまくいかなくてもそこは目をつぶって。

お仕事をされていたり、なかなか練習の時間がとれないようなご家庭の場合は、出来る範囲で工夫してみましょう。無理にとらず、出かけるときはいつも通りおむつをつけても構いません。いくら練習のためだと言っても、出先のレストランで思わずおもらし、床を拭きながら「よく頑張ったね」なんて笑顔で言えるはずありませんから。まずはママのメンタルを最優先に、気持ちをプラスに保てる環境の中だけで頑張ってみましょう。

最終的には、何があっても園に通っているうちに外せますから大丈夫！

おむつが外れないと園に通えないのかしら、そんな心配もいりません。おむつをつけて登園するお子さんも年々増えていますけれど、みんな初めの数ヶ月であっさり外れます。

他人との比較ということではなく、こども自身が「みんなやってるから私もやってみよっかなぁ」と、自分から外の世界に意識を向けることが大切なのです。それこそが集団生活の最大のメリットです。園とご家庭と協力して、励ましながら徐々に外していきましょう。必要なものは自信と経験だけです。褒め上手な先生たちにどうぞ頼ってください。

入園後の新しい世界では、楽しいことも覚えることも盛りだくさんです。自分自身の身の回りの世話がある程度出来ていれば、それだけ早く気持ちに余裕が生まれますし、別の覚えたいことに早く取り組むことが出来ます。

「おむつがなくても平気なの？　なんて素敵なおにいさん（おねえさん）なのかしら！」ママの笑顔とこの言葉がもらえるなら、こどもはニコニコ笑顔で頑張れます。焦らずに、目的意識を持ちながらゆっくりと取り組んでいきましょう。

Q、歯磨き、手洗い、うがい、習慣が身につく方法は？

習い、慣れると書いて『習慣』と読むわけですから、当然すぐに身に付くものではありません。今日がうまくいかなければ明日、明日がだめなら明後日、気持ちを切り替えながら、のんびり気長に身につけさせてあげたいものです。

そのためには可愛らしいキャラクターグッズの手助けも必要です。うがいにはコップ、歯磨きには歯ブラシ、顔を洗ったらハンドタオル…なにをするにも、さまざまなアイテムが必要です。まずはそのアイテムに興味を持たせ、これを使って遊びたい！と思わせるところから始めましょう。用意する段階からこどもと一緒に選んであげて、なにやら楽しい時間が待っているんだぞ、というイメージ作りからスタートしましょう。やらなくてはいけないつまらない時間と思ってしまったら、身につくまで時間もかかりますし、楽しめないなら集中も出来ません。

もしこどもが興味を示さず、することを嫌がっていたりすぐにやめてしまったりしたら。慌てず騒がず、こういってあげましょう。「えっ、やらないの？ 嬉しい、それじゃママが使っちゃお～っと！」押してダメなら引いてみる、ですね。これはわたしの！ という意識が強いこどもほど、この戦法は有効です。楽しそうに見せて、まるで遊んでいるかのようにウキウキしながらやることがコツです。「いいっていいって、やらなくていいよぉ～」などと言いながら、あえてじらすのも作戦です。

このように、一度楽しい雰囲気を作ってしまえばあとはその後の声かけ次第です。何事もはじめの良いイメージが大切です。上手にできたらすかさず褒めちぎり、「天才なのかしら！」と大げさに驚きましょう。「アンパンマンもかっこいいって言ってるよ！」などと、その子の大好きなキャラクターからもお褒めの言葉をもらえたなら、こどもの自信は天高くどこまでも昇っていきます。

園では、絵本や制作などを通してこどもに興味を持たせ、関心を高めることで、疑問を持たずに自然と取り組めるような声かけをしています。やらなきゃいけないことではなく、当たり前にやることとして、園生活の一部に組み込んでしまいます。うがいや手洗いもみんなで一斉に取り組むことで、特別なことだと思わずに自然と身体に染み込んでいきます。上手にできたときはクラッカーを打ち鳴らすかのごとく大げさに褒めちぎります。

たとえ感情的に叱ったところで、それはその場限りの出来事で終わってしまいます。こどもに悪気はありませんから、そこは熱くならずにスルーしましょう。こどものためを思うからこそ、ある程度のゆるさ、気楽さは大切です。

最後にひとつ質問です。こどもに望むような生活習慣を、ママやパパも家庭でしっかり出来ていますか？　こどもは親の鏡ですから、パパママがやっていないことを身につけさせようとしても、なかなかうまくいくものではありません。叱ったとしても説得力がありませんから、無理やり従わせるしか方法がなくなってしまいます。生活習慣がいまいちルーズなパパママは、せっかくですからこれを機にこどもと一緒に出来る範囲で自分の日常も見直していきましょう。親の背中がなによりのお手本です。

Q、上手にお片付けさせるには？

「さっきも言ったでしょ！　何度言ったらわかるの！」「ママ言ったばっかりだよね！」お気の毒ですが、まったくの怒り損です。こどもはそんなこと覚えていませんし、ましてや反省なんかしていません。こどもの理解力がないのではなく、そういう生き物なのです。

こどもはすさまじい集中力で、その瞬間の『今』を生きています。私たちにできることは、その瞬間の『今』にすべり込み、反復練習として身体に染み込ませるだけです。

例えばおもちゃのお片付けや、ドアを開けて外に出ていくとき。「お片付けしなさい」

「ドアを閉めなさい」これらは習慣ですから、一朝一夕には身につきません。激しく怒ったとしても、その場では片付けたり閉めたりしますが、ママがいない場所では変わらずそのまま遊びに出かけてしまうでしょう。ただ、これらの声かけを淡々と、一年間、そして三年間続けるば…不思議と、言われなくても自然とやるようになります。というよりも、身体に染み込んでしまっているため、やらないとなんだか気持ち悪くなってしまいます。その日に出来なくてもいいのです。時間をかけてしっかりと身体に染み込ませましょう。『教育は一日にしてならず』です。

例えば最初は、一緒にやるのではなく「ママのお手伝いをしてね」から始めてみてはいかがですか?こどもはお手伝いが大好きですし、褒められるのはもっと大好きです。そこからだんだんと任せる部分を増やしながら、こどもがいい意味で調子に乗れるような声かけをしていきましょう。「ママよりたくさん出来ちゃうんだね、すごい!」「早いなぁ~お片付けチャンピオン!」のように、存分に気持ちよくさせてあげてください。お片付けや食べ物の好き嫌い、登園するとき…大切なものは『良いイメージとママの表情』です。

それが四歳、五歳児になってくると、ママの手の内もバレてなかなかノッてくれなくなります。理屈で叱るのはそれからでいいと思います。そもそもお片付けが苦手というのは、単純にやる気がなかったり、必要に感じないからです。それは能力よりも気持ちの問題です。『遊ぶ』と『お片付け』はふたつでひとつですから、片方の気持ちのいいことだけしようなんて、そんな都合のいい話はありません。そこの誤解を解いてあげるためにも、当たり前でしょ？　みたいな顔をしながら、「ママがお片付けするから、これはママのおもちゃだね」と言ってあげましょう。

おもちゃのお片付けだけでなく、例えば着替えるときなどに効果的なのは、『しまう場所はいつも同じところに』決めておくことです。入れるところが毎回違ってしまっては反復練習になりませんし、こどもの集中も途切れてしまいます。おもちゃは青い箱、パンツと靴下は一番下の引き出し…といったように、それも含めてこどもの習慣として、身体に染み込ませてあげましょう。始めのころは色やキャラクターなど、直感的に見つけられてこどもが親しみやすいものを目印

にしてあげると、こどもも前向きに取り組んでくれます。上手に出来たら最大限に褒めてあげて。最終的には「はいお片付け」のひとことでおもちゃの選別から収納までひとりでやってくれるようになります。これはママにとっても時間の節約になります。これが身に付いていれば、のちに弟や妹が生まれて、そちらに手を取られてしまっても、こども自身の心が乱れることは少なくなります。それどころか、私がお手伝いしてあげるね、くらいに頼りになってくれることでしょう。

ガミガミ叱ってばかりではこどもも慣れてしまい、やがて効果も薄くなっていきます。おとなりの工事現場と一緒です。うるさいなぁと思いつつも、一週間もすればなんだか平気になってしまいます。慌てず騒がず、気長に繰り返し声かけをしましょう。理屈を説明してあげることも大事ですが、ときにはビシッと、遠慮はいりません。

ですが、そう心配しなくても大丈夫です。お片付けが苦手なんて、園で集団生活を過ごせばあっという間に直ってしまいます。空気を読まずにいつまでもひとり遊んでいて、ふと周りを見渡せばおもちゃを広げてるのは自分だけ。みんなはきちんとお座りしていて…。とどめはおともだちからのひとこと。「まだあそんでんの？　だっせぇー」これ以上の屈辱はありません。おともだちがなによりの先生です。

Q、こどもの理想的な就寝時間と起床時間、お昼寝のタイミングは?

こどもの寝顔は天使です。昼間は怪獣のようだった我が子も、夜になればスヤスヤと安らかな寝息を立てる。一日の育児から解放され、ホッと一息つける貴重な時間のはずなのに、今日に限ってなかなか眠ってくれません。「早く寝なさい! いつまで起きてるの!」今夜も全国各地で交わされているであろうこのやり取り、イライラママになる前に、何故こうなってしまうのかちょっとだけ考えてみましょう。

食欲も睡眠欲も、動物の持つ自然な本能です。規則正しい生活の中で充実した一日を過ごしていれば、イヤでもまぶたは重くなります。そう考えると、こどもにとって理想的な睡眠時間とは、園で過ごす時間を中心に考え、その前後の生活を足した後に余った時間、ということになります。要はタイミングの問題です。

登園したもののどうにも調子が悪い、少し休ませてみたら実は単なる睡眠不足でした、なんてことは日常茶飯事です。園に居る間は眠りっぱなし、家に帰ったとたんに元気になり、また夜は寝つけずママはイライラ、翌日また眠たい目をこすりながら登園…。睡眠時間はちゃんととっているのに、どうもリズムがちぐはぐです。生活の流れとその子の体内時計が自然にリンクするよう、いま一度見直してみてはいかがでしょうか。

例えば起床時間。園に登園する時間が八時三〇分〜九時三〇分ころだとしたら、その一時間半前には目を覚まさせてあげたいですね。朝はママも大忙し、時間はいくらあっても足りません。そのためにも、園に通うころまでにはある程度のことは自分で出来るように練習しておくことがお互いのためにもなります。そして、園から帰ってきて一息ついて、次は晩ごはんやお風呂の時間です。晩ごはんは早めの時間に済ませておきたいですね。歯磨きや洗濯、夜中のおトイレの頻度にも関わってきますので、眠気が迫ってくる前に済ませてしまいましょう。そして個人的に、一日の最後はお風呂で締めることをおすすめします。こどもと一緒にお風呂に入り、ママもピカピカさっぱり！　でもその後に洗濯や洗い物があるなんて、テンション下がりませんか？　ママ自身が気持ちよく一日を終えるためにも、必要なことはお風呂の前に片付けてしまいましょう。

お仕事で忙しいママ、特に不規則な時間帯でお仕事をしているママにとっては、正直不可能な部分もあると思います。そんな時も決して無理はしないで。こどもにとっての自然体より、『今のママにとって無理のないやり方』を優先させて下さい。ママの笑顔あってのこどもの笑顔ですから、ママ自身に余裕がなければ、それはそのままこどもの心の余裕に反映されます。こどもを一番に想うからこそ、ママの生活リズムを大切にしてください。

それでもこどもが眠れないとき。雨の日が続いてなかなか発散できなかった日や、まだまだ遊び足りないとき、心のクールダウンが出来ないまま眠る時間になってしまったときなどは、むしろ特別な時間を過ごすチャンスです。

照明を少し落とし、手元のスタンドの下で絵本を読んだり、今日起きた出来事を朝から順番に聞いたり。たまには布団の中に潜って、洞窟の中で内緒話をしているような演出もワクワクします。「いつもならもう寝ているんだよ、今だけ、秘密の時間だよ」夜と朝の真ん中で、ママとこどもふたりだけで過ごす静かな時間は、こどもにとっては神聖な時間です。ママの愛情に包まれ、明日への期待を夢見ながら自然とまぶたが重くなっていく、こんな夜が過ごせるなら、ママも一日の疲れがなくなるのではないでしょうか。

園での過ごし方は、施設によってそれぞれです。保育園での昼寝の時間は、おおむね一二時半〜一五時の間、二時間ほどです。完全に寝かしつけるというよりは、気持ちを落ち着かせ休憩をとるといった、クールダウンの意味合いが強いようです。長い一日を園で過ごすわけですから、ここでしっかりと仕切り直しを図ります。幼稚園には、一斉指導という形での昼寝の時間はありません。主な活動時間が一〇時から一四時と短く、その中にさまざまなカリキュラムが組み込まれているからです。ですが、様子を見て個別に休ませたり、その後の延長保育で遅めの昼寝をとったりということはあります。また、夏休み等の長時間の延長保育の場合は保育園と同様、毎日しっかりとお昼寝をします。

一日をリズム良く過ごすとどうなるのか。例えば私の園では毎年八月に、年長組のこどもたち全員と、一泊二日のお泊まり保育に出かけます。

場所は秩父の山の中。川遊びやマスの掴み捕り、キャンプファイヤーや花火をしながら一日を過ごします。こどもだけで泊まりなんて、泣いてしまって眠れなくならないかしら、心配だわ…ところがそんな心配、まったく必要ありません。初めはともだちと夜を過ごす興奮で眠れないこどもも、電気を消して静かな時間を過ごしていれば、どんなに遅くとも二一時過ぎにはほとんどが眠ってしまいます。なぜかと言うと、これでもか！というほどあそび倒しています。二二時ごろに様子を見に行くと、エジプトの壁画や『卍』の文字のような姿で眠り、そしてハムスターのように折り重なっているこどもたちの姿があります。布団をかけ直してあげながら、毎年笑いをこらえるのが大変です。翌日は六時にはスッキリと目覚め、体操や散歩の後に朝ごはんを食べ、次の遊び場に出発します。

毎日を全力で生きているこどもには、『省エネ』なんて似合いません。食べて、遊んで、笑って泣いて。また笑って倒れるように眠る。この幸せな毎日を繰り返すことが出来たこどもは、大人になっても決して心折れることはありません。

当園の園長である新藤義孝は、一〇年ほど前から『週刊新藤』刊行という活動を続けています。自身の考えや地域の方々の疑問を紙面にまとめ、駅での街頭活動やメールマガジンという形で週に一度（後年は不定期）発信しており、現在は二五九号まで刊行しています。その中に、こどもの睡眠時間について気になる記事を見つけましたので、ここでご紹介させていただきます。

週刊新藤　第六四号　三角形が描けない子どもたち
～睡眠リズムの乱れと子どもの問題行動～

しばらく前の話になりますが、新聞で興味深い記事を読みました。幼児の脳の発育と睡眠環境との関係を調べている大学の先生の研究結果です。それによると、五歳児を対象に三角形を描かせる調査をしたところ、角がなく丸いもの、斜線がギザギザになっているものなど、きちんとした三角形がかけない子どもたちが増えているというのです。

◆三角形を模写できない幼児たち

そして、二週間にわたり子どもたちの睡眠時間を調べてみた結果、寝起きの時間に一・五時間以上のばらつきがある子どもたちの七六％が、保育者から「ボーッとして無気力」「理由のない攻撃性を示す」など「気になる子」だとの指摘を受けており、また三六％が三角形の模写が上手にできない子どもでした。一方、睡眠リズムが正常な子どもたちの方は、「気になる子」と指摘されたのは一二％、三角形の模写ができない子も一一％だけだったというのです。「三角形の模写は、視覚認知を運動機能に結びつける能力の検査で、水平や垂直な線に比べて難しいため脳の発達を調べる指標になると考えられている。一般的に四歳半から五歳半にかけて可能になるといわれており、三角形がうまく描けないということは、それだけ発達の過程が阻害されている、という意味になる」のだそうで、睡眠リズムの乱れが脳と情緒の発育に悪影響を与えている可能性があるという、実に考えさせられる指摘でした。

◆夜型化する子どもたち

朝元気良く家を出て、昼間は思う存分体を動かし、夜には遊び疲れてぐっすり眠る、というのが子どもたちの本来の姿であるはずです。

ところが、二四時間営業の店や娯楽施設の増加など親御さんの生活が深夜化する中で、子どもたちの日々の生活がその夜型のサイクルに合わせざるを得なくなっている現状もあるのでしょう。もう少し年齢が高くなると、受験勉強やテレビゲームに夜遅くまで熱中したりすることで、さらに就寝時間が遅くなってしまっているのでしょう。

この二〇年間で、一〇時以降に寝る子どもは二倍以上に増えており、特に四～六歳という活動が活発になる年齢での夜更かし率は四倍にもなっています。

本来、体温が最も高くなり活動的になるのは午後三時ころだそうですが、遅寝・遅起きの子どもは、朝は眠っている時の低体温の状態で起こされて、機嫌の悪いまま午後まで過ごしてしまいます。そして、夜になってから体温が上昇して活動的になるため、寝かしつけても眠れないという悪循環に陥ってしまうのだそうです。

◆親の夜更かしが子に影響

かつては、夜の八時ともなれば子どもが楽しんで過ごす手段はなかったものですが、現在は、レンタルビデオの普及やテレビの多チャンネル化で子ども向けの番組が四六時中見られる状態にあります。親と一緒にテレビを見たり、ゲームをすることで夜遅くまで起きているというケースも非常に多いと考えられ、子どもの夜更かしに対する親の抑制意識も大分低下しているように思えます。

楽しいことがたくさんあれば、子どもはなかなか布団に入りたがらず、寝かせるのはひと苦労でしょう。しかし、子どもたちの心や情緒を健全に育むためには、現代社会の生活リズム、私たち親の生活スタイルを見直してみることも必要なのではないでしょうか。

この記事は二〇〇五年のものですが、現代の問題として考えると、より一層深刻化している問題とも言えます。こども自身の問題だけでなく、こどもを取り巻く環境を少しでも良いものにするために、今後考え直したいところです。

Q, こどもの急な発熱が心配です。どのような時に病院に行けばいいのでしょうか?

「せんせい、おはようございます! みなさん、おはようございます!」こどもたちは元気な朝のごあいさつから園での活動を始めますが、担任の先生は、お出迎えの時からすでにこどもの体調や、その日の心理状態をチェックしています。なんだか表情が暗いなぁ…と思っても、その顔色にはたくさんの理由があります。朝、ママに叱られてから家を出たのかな、今日はちょっと寝不足なのかな、もしかして熱があるのかな…。年少さん、年中さんでは、まだまだ言葉にすることが得意ではありませんので、本人から話を聞きつつ、ママからも話を聞き、最終的には日ごろの様子と照らし合わせながら、総合的に判断します。年長さんの場合は、その上で自分からお話ししてくれることが多いのですが、言葉で伝えられるだけに口にしたくない、というようなこともあります。我慢強い子や、大人に心配をかけさせまいとする子は、「大丈夫、大丈夫!」なんて強がってくれたりしますからね。いずれにせよ大切なことは、「あれ、いつもと少し違うかな?」という違和感です。

この点、ママや園の先生たちの持つ『女の勘』は、男性の洞察力では決して見抜けないものまで見抜いてくれますので、園では絶大な信頼を置いています。

「昨夜発熱しましたが今朝は幼稚園に行きたがるので登園させます。今朝の体温は三六・二℃でした」「ちょっと風邪気味です。マスクの着用を言い聞かせていますが、ご配慮下さい。」など、こどもの体調や精神状態に関しては、園の連絡帳などを通していつでも担任と共有できるようにしましょう。

もしも園での活動の最中に発熱したら。朝の状態から比較してちょっと辛そうかな、と思ったら、まずは職員室や養護室で休ませます。どの園にも養護教諭のような役割の先生がいますので、ベッドに寝かせ水分を取らせながら熱を測り様子を見ます。私の勤める園では先生歴四〇年のベテラン教頭が、こどもの心をほぐしながら細かく問診をしてくれます。長年の知識と女の勘を兼ね備えた上で出てくる「大丈夫！遊んでおいで！」は、先生とこどもをホッとさせる魔法の一言です。ただの寝不足であったり、おトイレを我慢していておなかが痛くなっていたりと、対処法が分かるものはその場で楽にさせてあげられるのですが、これはちょっと具合が悪いかな、といったときにはすぐにママにお電話をし、迎えに来てもらうか、対処の仕方を教えてもらいます。またあらかじめ持病が分かっていれば、事前にお薬をお預かりしておき、こちらで対応するときもあります。園での様子だけでなく、普段の家庭でのこどもの様子もヒントになりますので、日ごろからママと先生とでコミュニケーションを取り、同じ認識を持てるようにしておきたいですね。

最後に、どんな時にお医者さんに連れて行った方がいいのか、小児科の先生にお話を聞いてみました。

Q、こどもの発熱にはどのように気をつければよいのですか？

A、こどもはよく熱を出しますが、これは生後六ヶ月〜六歳ごろまでは免疫が充分でないためです。発熱ごとに免疫が付き、小学校入学のころには一通りの免疫が身体に備わります。発熱は病気ではなく、ウィルスをやっつけるための症状ですから、少々の微熱程度で過敏に心配する必要はありません。一般的に発熱の目安は三七・五℃、高熱と呼ばれているのは三八℃（感染症法）と言われています。ですが、こどもの体温は一日の間に一℃くらいは簡単に変動しますので、パパやママは、朝起きた直後のこどもの平熱がどのくらいなのか、あらかじめ把握しておいてくださいね。また、次のような症状が複数ある場合は受診をおすすめします。

・　眠れないとき
・　遊ぶ元気がないとき
・　食欲がなく水分補給を受付けないとき
・　解熱剤を服用しても効果が出ないとき
・　ママの「イヤな予感」があったとき

ここでもやはり『女の勘』が登場しましたね。

医療の専門家でも、見解は変わらないようです。どんな小さなサインでも、ママのセンサーが反応したらすぐに病院や、場合によっては救急車を呼んで、症状を話した上で適切な対処を取れるようにしましょう。その際は焦らず慌てず、です。

第2章　園生活を楽しもう

レッサーパンダを見ていた頃を思い出す
卒園式の制服を見れば

Q、こどもが登園したがらない場合の対処法は？

なだめ、持ち上げ、ごまかして。説得は必要ありません。明るく送り出してください。さっきまでニコニコだったのに、「さぁ、いってらっしゃい」と手を離した途端に泣き叫ぶわが子。うちの子はやっていけるのかしら、私はダメなママなのかしら…一瞬にしてネガティブママになってしまいそうですね。でも大丈夫、なんにも心配はいりません。今すぐ近くにいる先生に声をかけ、丸ごと任せましょう。ママひとりで解決しようと思ってはいけません。もう行かなくていい！　なんて、親子ふたりで涙目になるのがオチです。

こどもからすれば、居心地のいいママのそばからいきなり知らない場所に放り出されるわけですから、当然のことです。説得なんて届くはずがありません。そこで我々、『千の声かけをもつ』保育者の出番となるわけです。

「おはよ〜会いたかったよ！」、「ちょっと面白いおもちゃがあるんだぁ、見てみよっか！」ありとあらゆる手段でこどもの気持ちを外に向けさせます。そのスキにママはそ

〜っとフェードアウトして、柱の陰から様子をうかがっていてください。

我に返ったこどもがまた泣き出しても、また気持ちを外に向け…この繰り返しです。仕上げに、帰りのお迎えに行ったときの第一声「頑張ったねぇ〜偉いよぉ！」でぎゅ〜っと抱きしめてあげる。このご褒美さえあれば、こどもはどこまでもまっすぐ伸びていきます。

家を出る段階でこどもの気持ちが園に向いていない場合、まずは体調を診てあげてください。睡眠不足や、熱があるかもしれません。問題がなければ、なにかひとつだけ目標を立てて、ひとまず家を出ましょう。「先生におはようだけ言おうね」「お散歩だけしておうちに帰ろうね」等々。園まで来ていただければ、あとはこちらのものです（笑）。こどもの発達が進み、居場所として認識した後の登園拒否に関しては、しっかりと話を聞いて問題を解決した後には説得も必要です。ママとあなたとふたりだけの秘密でも良いですが、園内でも

フォローしてあげたいので、こっそりと保育者にも教えてください。

大切なことは、ママと先生が力を合わせて楽しい雰囲気を作ることです。

こどもは自分の想いを言葉にすることは苦手ですが、気持ちを肌で感じることはなによりも得意です。『わが子と離れることが不安なママの気持ち』をこどもがもらってしまい大泣きするパターンもよく見かけます。これを機に、ママも良い意味で子離れしていきましょう。

幼児期のこどもにとってママは神様であり、一緒の時間は世界のすべてです。保育者は新しい世界の入口で、早く来ないかなぁと首を長くして待っています。

Q、年度途中の転園は可能？　転園した方が良い場合は？

転園は、園の形態によりますが基本的には自由です。特別な事情がない限りおすすめはしませんが、話し合いを重ねても施設の誠意が見えないようであれば考えても良いでしょう。第一章でも触れましたが、ひとくちに園と言っても形態はさまざまです。認可保育園の場合は行政への届け出が必要で、必ずしも希望通りの園に入れるとは限りません。認可外の保育園や私立の幼稚園に関しては、転園先の定員に空きがあれば比較的簡単です。

家庭状況や勤務先の変化等、やむを得ない場合の転園は速やかに手続きを進めていきましょう。園としてはさみしいことですが、こどもが自信をもって次の場所に進めるよう、最後までしっかりと思い出づくりをしながら、盛大に見送ってくれるはずです。問題は、ご家庭の教育方針と園の教育方針のくい違いや、園に対する不信感が生じた場合の転園です。結論としては、安易な転園はおすすめできません。嫌なことがあった場合は、まずその場所で居心地が良くなるよう、出来る限りの相談や工夫をしてみましょう。転園がくせになっているママに見られるのは、『こどもに合った園』ではなく、『自分に合わせてくれる園』を探し続けているというところです。そのような園があれば良いのですが…。

『転園』が頭をよぎったら。ひとまず、一呼吸おいて気持ちを落ち着かせて、気分転換が出来たところで担任に相談してみましょう。伝えたいことを紙に書いて、冷静に。多くの問題は、ママと担任の信頼関係で解決することばかりです。園もママも目的はひとつ。『こどもが強い気持ちとたくましい身体、そして優しいこころをもった人間になること』ですから。同じ気持ちだよ、という信頼が崩れ、また園にもその気持ちが見られないのであれば…。その時は決断が必要かもしれません。ちなみに、園の問題だからまず園長に、というのはまったくの逆効果です。誠実な園長であればあるほど、その場での安易な返事はしません。報告は受けていたとしても、その子のことを一番理解しているのはクラスの先生ですからね。必ず担任から、日ごろのこどもの様子やともだち・先生との関わりなどを確認するはずです。誠実だからこそ時間がかかるのですが、イライラしているママにはそれが理解出来ず、やがて（誤解なのに）不信感となり…。大きな問題ほど、担任から園長へと伝えるようにしましょう。

そして最も問題なのが、ママ同士の人間関係です。女性同士というものは、本当に難しいですよね。特にこども同士のちょっとしたケンカから始まった、ママ同士のケンカ。こどもが仲良しなのにママ同士が仲が悪いなんて、もったいないですよね。いずれにせよ、すべての悪い出来事は些細なすれ違いの積み重ねです。日ごろコミュニケーションをとり、問題は小さなうちから園や担任と共有して、ママにとっても楽しい園生活となるよう、工夫していきましょう。くれぐれもひとりで抱え込まないように。園とは、ママとこども両方が楽しく過ごすためにあるのですから。

Q、失業中。月謝が払えなくても通園は可能か?

ご家庭の強い意志があれば、まったく問題ありません。園の理解と行政の助けを借りて、前向きに考えていきましょう。

私の勤める川口ふたば幼稚園では、毎日五五一人ものこどもたちが通って来てくれています。その人数の分だけ事情があり、家庭環境や経済状況もさまざまです。しかしどのご家庭にも言えることは、「この子のためならなんだってするわ」という気概です。その気持ちを持たれている限り、園が裏切ることはないでしょう。事情を話していただければ、その場で即退園、などということはまずあり得ません。まずはご相談いただいて、必要ならば今後の方針を一緒に考えます。後述する各種補助制度をフルに活用しながら、前向きに頑張っていきましょう。

退園の基準ですが、幼稚園や認可外保育園の場合、大半は私立ですので、それぞれの園によって規定が違います。（保育料の未納が～ヶ月以上になった場合は退園とする、といったような具合です）認可保育園の場合は、児童福祉法によって定められた運営のため、強制的に退園させられることは原則ありません。そのため、『払えない』のではなく、『払わない』方の保育料滞納が、いまや社会問題となっています。自治体によっては給料の差し押さえといったような措置をとるところもあります。このようなことがないよう、こどもにかかる費用についてはしっかりと確保しながら家計を考えていきましょう。

失業や離婚など、家庭環境が急激に変化した場合は、まずお住まいの市役所に問い合わせてみましょう。自治体によって、さまざまな補助制度があります。

ここでは代表的な制度をご紹介します。

・失業手当

雇用保険に加入していることが条件です。年齢や賃金によって支給額が変わります。

・児童扶養手当

いわゆるひとり親家庭（母子・父子家庭）への手当です。所得によって金額が変わりますが、こどもがひとりの場合ですと、最大で月額四万一〇二〇円が支給されます。（平成

二六年六月現在)

・家計急変世帯に対する保育料の軽減

埼玉県が取り組んでいる補助制度です。失業や離婚等で保育料の納入が困難になった世帯に対して支給されるものです。市によって金額が違います。

園内でこどもに影響が及んだり、こどもにお金を意識させることはあってはならないと思います。ですが、それを盾に平然と未納を繰り返す保護者も後を絶ちません。こどもの憧れとなる背中を見せられるよう、大人としてきちんと社会と向き合っていきましょう。

Q、園でこどもが同級生をけがさせてしまいました。保護者として、どんな対応をしたらいいですか?

園からかかってきた一本の電話。「○○ちゃんがケガをしてしまいました…。」どんなに穏やかなママでも、このときだけは冷静ではいられません。命に別状は? 救急車は? 相手のこどもやママはどうしてるのかしら、あぁ教育委員会…お気持ちは分かります。でもどうか落ち着いてください。

こどものケガとひとくちに言っても、原因はさまざまです。遊具で遊んでいてぶつけてしまったり、ブランコから落ちてしまったり。おともだちとの戦いごっこから発展したひっかき傷から、鼻に豆を入れたら取れなくなってしまったなどといった、予想のつかないものまで、園では本当にたくさんの出来事が毎日起きています。

まず始めにママにしてもらいたいことは、大きな深呼吸とメモを取る準備です。電話がかかってきた段階で、ほとんどの出来事はもう解決したか、一番大事な場面はもう乗り越えた後です。ここで焦ったり不安になったりしても、自分が苦しくなってしまうだけです。落ち着いて、状況の把握と園の行った対応をしっかりと順を追って確認しましょう。納得のいかない部分を訴えるのは、話を全部聞いてからでも遅くはありません。

もしも我が子が原因で、おともだちにケガをさせてしまったら。または、おともだちが原因で我が子がケガをしてしまったとしたら。相手のママと話をする前に、まずは園と話をしてください。園で起きた出来事の責任は園にあります。こどもの安全の確保についてはどの園でも一番に気をつけている問題ですがケガをしてしまってはこども自身が園生活を楽しめなくなるばかりか、パパやママが安心して園に送り出せなくなってしまいます。未然に防ぐことはできなかったのか、先生の目は行き届いていたのか、充分な配慮はされていたのか…。園との信頼関係にも関わる問題ですので、この部分はしっかりと意思の疎通を行ってもらいたいところです。

一番困ってしまうのは、園を飛び越してママ同士で話を進めてしまうこと。仲がいいからこそ直接話を進めてしまいがちですが、園の出来事ですから、第三者を交えた方が中立性を保て、再発防止にも役立つことになります。その結果、ママ同士の間で小さな火種がくすぶったままになってしまっては、せっかくの園生活も楽しみが半減してしまいます。

さらに困ってしまうのは、その話に『孫大好きフィルター』が強力にかかっているじぃじやばぁばまでが加わってしまうことです。（普段はそのことがなによりも頼もしいのですが）孫可愛さのあまり頭に血が上ってしまい、冷静に話が出来ずかえって大ごとになってしまった例などは、どこの園にも山ほどあることでしょう。（うちの子が三ヶ所も蚊に刺されました、おたくの園ではどのような衛生管理をおこなっているのですか！という電話がかかってきたことがありました。じぃじばぁばの心配（愛情）はとどまるところを知りません。）もちろん家族間の話し合いはとても大切ですが、あくまでも窓口はママ一本に絞っておき、出来るだけ登場人物を増やさないようにすることが、園や相手の保護者との誤解やすれ違いをなくし、円満に問題を解決するコツです。

パパの登場にも同じことが言えます。お前じゃ話にならん！　と自ら園に乗り込んでくるパパもいらっしゃいますが、穏便に解決するケースは多くありません。普段のこどもや園の様子をママほど把握しているわけではないので共通の認識が持ちづらく、まずはそこから話をしようにも、「要はどうやって責任をとるんですか！」と結論を急ぐ方もしばしばみられます。パパにはドンと構えてもらい、信頼関係が成り立っている前提でママとお話しした方が、もっとも有益で最短の解決方法だと思います。

園の不注意やこどもの理不尽な暴力などは、その場その場でしっかりと解決し、今後の保育に役立てることが鉄則です。かといって、かすり傷ひとつ負わせずにこどもを育てればいいかと言えばそれもまた違います。こどもにとって揉めごとは貴重な経験です。その中で人は成長し、思いやりや手加減を学んでいくのです。必要なものは、転んでも痛くない場所を用意することではありません。転んだ後に自分の力で起き上がろうとする強い心と身体です。園とママとこどもを取り巻くすべての大人の力を借りて、みんなでこどもたちを育てていきましょう。

Q、ママ友との付き合いが苦痛です…

これはキツい問題です。確かに、女性同士の付き合いというものは非常に難しいものです。男同士の付き合いのように簡単なものではなく、空気を読む力というか、波長を合わせる配慮が必要なときがあります。一筋縄ではいかないということは、園でのママ同士のやり取りからも明らかです。それどころか、四、五歳の女の子同士の段階で、もうすでに発生しています。男の子同士なら叩いたり悪口を言ったりと、その場でたいてい解決してしまいますが、女の子同士はそうはいきません。『ふーんだ、○○ちゃんなんか知らないっ、みんなあっちで遊ぼ！』残された子はポツーン。このような感じで精神的に攻めてきます。後ろ向きに考えてもなにも解決しませんから、ここはひとつ前向きに考えていきましょう。

あるママは「入園当初、ママ友関係には警戒心をもっていました。周囲からは『ランチ会に参加しないママ』と言われていましたが、こどものためと思って役員を引き受けてみました。ママ友とふれあえたことで、今は意外と悪くないのかも」と思えるまでになったそうです。そもそもなぜ苦痛に思うのか、それはつまり『この人間関係の輪の中にいないといけない』と思い込むことが原因ではないかなと思います。そこまで肩に力を入れなくても大丈夫です。来年にはクラスも変わって、また新しい人間関係が始まります。

『ママ友』の共通の話題は子育てに関することです。そこではたくさんの共感出来るポイントがあり、悩みを打ち明けたり聞いてあげたりと、お互いにとって気持ちのいいことばかりです。でも、それ以外の気が向かない部分まで共有しなければならないのは学校で同じクラス全員といつも一緒に居ろというのと同じくらい難しい話です。アイドルの話題や同じ趣味の話題で盛り上がる仲間もいるワケですから。無理をすればするほど相手へのイライラが募ってしまい、お互いが苦しくなってしまうだけです。共感できる小さな仲間をたくさん作って、世界を広くしていきましょう。

第３章　家庭で遊ぼう

手をつないで歩いた道のたんぽぽも
綿毛となって旅をしており

Q、おすすめの絵本は？（読育）

読書は心を、人生を豊かにしてくれる最高の師でありともだちです。人生の道に迷ったときに光を照らし、導いてくれる案内人です。ページを開けば見たことのない世界が広がって、そこにはたくさんの出会いが待っています。困ったときこそ本を読むといいでしょう。そこには等身大の人間の苦悩や、先人たちの英知の結晶が詰まっています。自分の欲しかった答えが、なんらかの形で必ず置いてあります。こどもたちにはぜひ本を好きになり、本と仲良くなって、いつもそばに置いてあげてほしいと思います。

そんな素晴らしい本ですが、選び方は特別難しくはありません。読書は経験値ですから、始まりは「質よりも量」です。厳選したおすすめの本よりも、日常的に本がある環境を作ってあげてください。まずは手近に、こどもがふと興味を持ったときに何気なく手に取れるような、簡単な（ちいさかったり、色が華やかだったりするといいですね）絵本を用意してあげましょう。お子さんが興味を示し、なんとなく『眺める』から『読む』に変わり始めたな…そう感じたら、ここからが本番です。たくさんの本が置いてある場所に連れて行き、さぁこの中から好きなだけ選んでいいよ！　と開放してあげてください。ご近所の図書館や通っている園などを利用して、無理にお金をかける必要はありません。重ねて言いますが、始まりは「質よりも量」です。本との出会いとは不思議なもので、こども自身の力でしかるべきタイミングで、きっと素敵なともだちを見つけ出すことでしょう。選ぶ力はすでにこどもが持っていますから、選べる場所まではママが連れて行ってあげてください。

首尾よく本を見つけることが出来たら、今度は正しいマナーで本が読めるよう、優しく声をかけてあげてください。礼に始まり礼に終わる、本は師でありともだちです。床に放り投げたまま踏んづけたり、上下逆さまで本棚に押し込んだり…、叱るのではなく当たり前のように教えてあげましょう。そうすると、礼を覚え、集中を覚え、自分の内面に深く潜る練習を積むことで、人の痛みのわかる思いやりにあふれた大人に成長してくれると信じています。

うちの子、本が嫌いみたいなんです…とお悩みのママ。ひょっとして、ママ自身があまり本をお好きではなかったりしませんか？　家族の中に本が好きでたまらない人、いわゆる『本の虫』がいる環境では、こどもも自然と本を好きになってしまうものです。無理に読ませても嫌いになるだけですのでパパやママ自身が本を楽しく読んでいる姿を見せるか、一緒に本を読む時間を作って、その時間を心地よいと思えるようにしてあげてはいかがでしょうか。結果を焦らず、気長にその子の興味を引き出してあげてください。

ママと一緒に本を読む時間、これはこどもにとって特別な時間です。お仕事で忙しいママ、下の子にかかりきりで時間がとれないママ、そして、思うようにこどもが動いてくれずに、ついイライラをぶつけてしまったママは一時の静かな時間を一緒に過ごしてみて下さい。ふたりきりの時間の中で、こどものことだけを想って読み聞かせをすれば、『ママに愛されてる！』とこどもは満足します。こどものメンタルが不安定だ、と思ったら、意識的にふたりきりで過ごす時間を作ってみて下さい。

また、読み聞かせをするときは、こどもの発達に応じて工夫をしてあげてください。

二、三歳児のころは、「これは何色かな？」「この動物はなにかな？」などと声をかけながら、本の仕掛けや色彩を楽しみながら、本を楽しく読める下地を作ってあげましょう。

そこから徐々にお話の中身を追いながら、リズムよく読み進めるといいと思います。感情豊かに、時にはコミカルに、時にはシリアスに。

四、五歳児になってくると、だんだんと文字を読めるようになりますから、自分一人で本の内容を感じ取る楽しさに目覚めてきます。ここまで来たら今度は一転、感情を込めずに、出来るだけたんたんと読み進め、物語の解釈をこども自身の感性に委ねてみましょう。きっと想像もつかないような感想が出てきます。こどもと関わる醍醐味のひとつですね。

こどものころに読み聞かせをしてもらった思い出は、いくつになっても忘れることはありません。ママを独り占めしたあの甘い時間、世界にふたりきりの凝縮された静かな時間を思い出し、愛される実感を心に刻んだこどもは、大人になって経験するさまざまな逆境にも、決して心を折られることはないと信じています。

おすすめの本とは、ママ自身が思い入れのある本や、たくさんの中から子ども自身が選んだ本のことです。本当に良い本とは、読み手が成長するにつれてそのつど違った感想を得

られるような、懐の深い本のことです。お気に入りの本は末永く大切にして、人生の節目のときにそっと開いてみて下さい。どうぞ素敵な本との出会いが訪れますように。

Q、おすすめの音楽は？（曲育）

世界は音で出来ています。雨の音、風の音、そして人の声。この世には素晴らしい音楽がたくさんありますが、こどもにとってはちょっと早いものばかり。まずはシンプルなものから、耳だけでなく、身体全部を使って音を感じさせてあげてください。

みなさんは、『リトミック』という言葉をご存知ですか？　音感教育の一種で、幼児教育に取り入れている園も数多くあります。音楽に合わせて身体を動かし、音の強弱や音色を動作によって表現します。高く速い音のときは細かくはや足、低く遅い音のときはゆっくりと大またで。身体ごとリズムを刻み、音と呼吸を合わせ音と一体になって遊びます。私の園では、音質を変えながらネズミや、ゾウや、ワニに変身して遊んだりします。知識としてではなく感覚として、全身を使って音を楽しむ、これが「音楽」を学ぶ第一歩です。

音楽には作り手の想いが込められていますから、その曲の趣旨に合った形でこどもたちにも聞かせてあげたいですね。ご飯を食べるときの曲、静かに心を落ち着かせるときの曲、思い切り身体を動かし楽しむための曲、音楽と教育はいつも共にあります。その上でさらにメッセージを伝えたいと強く想ったとき、『曲』は『歌』になります。こどもにはこどもの世界があり、その中で存分にこどもらしさを発揮させてあげるためには、やはり『童謡』の存在が大きいでしょう。そこにはこどもを想う作者の気持ちや当時の時代背景、こどものリズムに合わせた曲作りなど、一〇〇%こどもにマッチする世界が広がっています。邦楽や洋楽、クラシックなどから、パパやママの思い入れのあるものを聞かせてあげるのもいいですが、出来ればゆっくり順番に、大人の階段を登らせてあげたいものです。

こどものことを想い、こどものための歌を作ろう、そう考えた大人が私の園にもいます。今は全体主任として先生たちをはじめ、五五一人のこどもをまとめあげる園を代表する存在となったM先生は、五年ほど前にある一曲の歌を創り上げました。

タイトルは『ともだち』。M先生の許可を得て、その歌詞をみなさんにご紹介したいと思います。

♪ともだち

君に出会えたキセキ　特別な宝物
一緒に泣いたり笑ったり
それだけで幸せだよ 幸せだよ

思い出が胸の中で　星のように輝いてる
溢れ出すこの涙は　君とつなぐ心の絆

たくさんの優しさと　愛に包まれ歩んできた
溢れ出すこの笑顔は　君と描く未来の夢
ケンカしても素直に　ゴメンネが言えたなら
もっともっと仲良くなれる　それがともだち

君に出会えたキセキ　特別な宝物

いつか別れの日がくる　いつかみんな大人になる
願いがもし叶うなら　こどものままでいたいけれど

大切にしたいことは　人を愛する気持ちさ
いつもいつもいつでも会える　それがともだち

手と手をつないだら　どこまでも行けそうだね
目と目が合うだけで
こんなにも嬉しくなる 嬉しくなる
今君に伝えたいこと　ありがとう さようなら
離れてしまったとしても　この広い空の下で
つながってる つながってる

一緒に泣いたり笑ったり
それだけで幸せだよ 幸せだよ

今君に伝えたいこと　ありがとう さようなら
離れてしまったとしても　この広い空の下で
つながってるずっと ともだち

この歌は、M先生が初めて主任になったとき、それまでの自分の保育の集大成として、担任するクラスのこどもたちに贈った歌です。『あと少しで卒園、それぞれ別の道に進むけれど、園で出会ったともだちや大事な人のことをどうか覚えていてほしい。苦しいときは思い出して、ひとりぼっちでは決してなかったんだよと、勇気をだすきっかけにしてほしい』そんな想いから生まれたこの歌は、大人にとっては『ともだち』を『家族』や『恋人』に置き換えて歌ってもらいたい、という意味も込められているそうです。この歌はその年度の三学期、二月に行われた音楽発表会にて、こどもたちによって歌われました。私はこの歌が大好きで、こんな想いを持ってこどもたちと関わるM先生を心から尊敬しています。

幼稚園の先生とはこどもにとってどんな存在ですかと聞くと、M先生は照れくさそうに、

「こどもの『根っこ』を作るお手伝いをする存在だと思います。その子の持つ可能性を伸ばし、本人やパパ・ママが気付いていないところを気付かせてあげる、そのために園はあるのだと思います。」と語ってくれました。

曲や歌詞には、作者の魂がこもっています。童謡をはじめとするこどもの世界のための曲や歌を聴かせてあげながら、パパやママ自身ももう一度、こどものころを思い出してください。初心にかえり、自分がこどもだったときを想えば、今以上にこどもの心が理解できるのではないでしょうか。

※　この歌は、川口ふたば幼稚園のホームページに動画として載せてあります。ご興味のある方は是非お聴きになってくださいね。

Q，おすすめの習い事、役に立つ講座は？

こどもは可能性の宝石箱です。どんな才能の種が眠っているのか、水をあげてみなければわかりません。パパママから受け継いだものもあれば、神様からの贈り物もあります。

それを見つけ出したとき、そしてその才能が光り輝く瞬間に立ち会えたとき、こどもと関わっていてよかったなぁとしみじみ思います。

私の園でも、降園後の課外教室としてたくさんのプログラムを用意していますが、体操やバレエ、サッカー・水泳などの運動神経を鍛えるものから、ピアノや英会話教室、絵画教室などといった感性や語学力を伸ばすものまで、ママたちのニーズもさまざまです。

どの課目にも言えることですが、家族でもなくともだちでもなく、また園の先生とは少し違った立ち位置である習い事の先生（コーチ）は、こどもにとっては独特の存在となります。優しい先生はもちろん好かれますが、意外なことに、厳しい先生のもとで学ぶこどもほど先生を好きになり、まっすぐ伸びているように思います。

実はこどもって、厳しく叱ってくれる人が大好きなのです。反対にすぐ怒る人は嫌いです。こどもは感情の波を読み取ることが非常に上手ですから、『今この人は私を想って叱ってくれているんだ…好き！』というのを、無意識にしっかり感じ取っているのです。パパやママの言うことはきかなくても、習い事の先生に言われたら『はい！』と背筋を伸ばして返事をする。園の先生はちょうどこの真ん中の立ち位置にあります。叱る、褒める、怒る、甘えさせる…どの先生も持っている要素ですが、この場面はこの人に！と役割分担が出来ていると、子育てもずいぶん楽になると思います。

運動系の習い事で身に付くものは、身体を動かす力だけではありません。きちんとしているクラブほど挨拶や姿勢にこだわります。サッカーや野球、体操クラブに通っているこどもの挨拶はやはり一味違うなと感じます。空手や剣道などは精神的な強さを身につけることも活動の意義としていますので、甘えん坊のこどもにはうってつけです。

また、園のカリキュラムでも取り組んでいる水泳は、身体能力の向上と脳の発達にも効果のあるおすすめのクラブです。泳ぐことは全身運動ですから、頭の先から手足の指先まで、しっかり神経を集中しなければ浮くことすらできません。全身をコントロールし、思い通りに動かす練習は、そのまま脳の育成にもつながります。また、体力だけでなく心肺機能も強化されることによって、アレルギー体質が改善される効果も期待できます。私自身も通っている間に、体質であったアトピーが完治しました。中には持病の肺炎が治ったこどももいました。病気がちなこどもこそ、体力をつけることが健康への近道です。

そして、異年齢が揃うことによって出来る縦社会は実は非常に重要な要素です。社会に出ると理不尽の連続です。先輩に可愛がられる力、後輩を思いやることのできる力は、部活やクラブで自然と学ぶことが出来ます。こどものころから「それが当たり前」という感覚を身につけておけるといいですね。器の大きな人間は誰からも好かれます。

ピアノや英語、絵画教室などの感性を磨くクラブは、ちいさなうちから通う方がその子の脳に早く馴染み、よい影響を与えることにもなります。もしママが心に決めているものがあればさっそく体験させてあげましょう。まずは環境を整えて、急ぐ必要はありません。無理に始める必要はありません。せっかく通っているのにそのこと自体を嫌いになってしまったら、元も子もありません。

感性を磨き言語感覚が磨かれれば世界は広がります。音感や美的センスが磨かれれば、日常はさらに彩りや輝きを増します。芸術に国境はありませんから、身に付けば最高のコミニュケーション能力を手に入れることにもなります。

ちいさなうちから『お勉強』をさせることは、あまりおすすめしません。興味を持った結果身に付いたスキルはいいことですが、ただ覚えさせるだけではその場限りになってしまい、底の浅い部分で止まってしまうか、またはすぐに忘れてしまうでしょう。以前あるママが、小学校受験のために早くから文字の指導を始めてしまった結果、その子が絵本を読むときに、もったいないくせがついてしまったことがあります。「き、よ、う、は、い、い、て、ん、き、で、す…」と文字ばかり拾い読みをしてしまい、肝心の内容が全然頭に入っていかないのです。テクニックはあとからいつでも身につけることが出来ますから、まずは感性を磨き、興味を持たせることを大切にしていきましょう。

そんな『お勉強』を教える課外教室の中でも異色の存在なのが、『花まる学習会』です。「飯が食える大人を育てる」信念のもと、勉強そのものを楽しめる感性を育て、人間的に魅力のある大人に成長させる。二一年の歳月をかけて磨かれた指導法は大人気です。私の園の課外教室でももちろん取り入れています。実は、川口ふたば幼稚園が花まる学習会の教室第一号です。当時、園のお泊まり保育のお手伝いに来てくれていた若き花まる学習会代表・高濱正伸先生の熱意に心を動かされた前園長が、「それならうちでやってみなさい」と始めたことがすべての出発点です。私にとっても偉大なる師匠であり、また男としての目標でもあります。受験勉強の家庭教師から進路の相談までお世話になり、現在は園行事で行う「子育て講演会」の講師も務めて下さっています。

習い事がたくさんありすぎて迷ってしまう、そんなときは体験教室の機会などを利用して、実際にやらせてみるのが一番です。何事も始めてみなければわかりません。きっかけはなんでもいいんです。無料だから、私がこどものころにやりたかったから。なにをやらせたとしてもきっとこどもは楽しんでしまいますから、いつもとは違った目の輝きを見せたり、積極的な姿勢を見ることが出来たなら入会を考えてもいいでしょう。パパやママの強烈な熱意に支えられる形で始めさせるのもいいかもしれません。我が子の才能を伸ばすために必要なことか、人格育成に役立つか、そしてこの先生は我が子の良き師匠になってくれるような存在か。選ぶのはこどもですが、最後に決めるのはやはり大人です。

いずれにせよ、どの習い事にも言えることはひとつ。一度始めたら中途半端にはやめない、ということです。始めのうちは楽しんでいたこどもも、壁にぶつかったり興味が他のものに移ったりすると、途端にやる気がなくなります。ここで安易にやめさせてしまっては、思い通りにいかない時に逃げ出すくせがついてしまいます。特に小学生くらいでそのくせがついてしまうのは、その後の人生での苦難に立ち向かう姿勢にも繋がりますので、決して妥協せず、厳しく接してあげてください。自分の言葉に対する責任、親の想い、お金を払うということのシビアな現実…これらを伝えるための必要な試練です。少なくともその学期の間、出来ることなら一年はしっかりと続けさせ、大変だったけどやり遂げた、という成功体験を味わわせてから気持ちよくやめられるようにしてあげてください。

最近こんなやりとりがありました。まさにこのことを象徴する出来事でしたので、ここでご紹介します。

ある日園庭でこどもと遊んでいたとき、気になる親子を見つけました。

卒園し、少しだけお兄さんになった男の子がベソをかきながら、隣には困った顔のママがいます。「どうかしましたか」と声をかけると、このような返事が返ってきました。

「スイミングとサッカーを習っているのですが、どうやらスイミングをやめたいらしくて。とりあえず連れてきてみたのですが、車の中でずっと泣くんです。同じ時期に始めたサッカーは楽しいと言ってるのですが…。無理に続けさせず、やめさせた方がいいのでしょうか…。主人はやめさせればいいと言うのですが、私はこういう形ではやめさせたくないんです」。

習い事を続けていれば必ず壁にぶつかるものです。レベルが上がるほど練習も厳しくなり、少しの頑張りでは達成出来ないことも出てきます。園児のころなら無理に続けさせなくてもいいですよ、と言ったかもしれません（もちろんこどもに話を聞いてからです）が、小学生ともなると少し話が違ってきます。こどもとはいえひとりの人間、ましてやこの場合、男の子ですから、困難から逃げ出す形での解決方法は私は好きではないですし、その子のためになるとは思えません。卒園したこどもと向き合うときは、その時の状況に応じて必要な役割の立場から話をすると私は決めています。このときの立場は幼稚園の先生ではなく人生の男の先輩として、そして必要ならクラブのコーチとしての役割です。

「Yくん、俺に話を聞かせてよ。スイミングどうしてやめたいの？」

「練習が楽しくないし、テレビが観たい。やめたい。」「そっか、サッカーは楽しいの？」

「うん」「そっか、わかったよ。よし、それじゃやめよう！　でも、やめるのは全部だよ。」

「スイミングもサッカーも、自分からやりたいとお願いしたんだよね？　一個はつまらないからやめたい、一個は楽しいから続けたい。これは俺はかっこいいこととは思えないよ。習い事ってそんな簡単なものじゃないんだよ。」

厳しいと思うかもしれませんが、これは相手の性格や状況を考えた上での判断です。完全に心が折れていたり、明らかに習い事の方針があってない場合もありますので、これはケースバイケースです。

「サッカーは続けたい」「そっか、わかった。そしたらスイミングのコーチに一緒に言いに行こう。」

私は彼の敵ではありません。急な選択で追い詰めてもうまくはいきませんから、ここは冷静に穏やかに構えます。スイミングに到着し、コーチに流れを伝えます。私の信頼する主任コーチなら、的確に対応してくれるでしょう。「分かった、今日は練習しなくてもいいよ。でも、何もしないで帰るのはだめ。ちょっとだけ水に入って遊んでいきなさい。せっかく上手になったんだからここでやめちゃもったいないよ。」

聞くとどうやら、前回の昇級テストがうまくいかなかったようです。

「男なら自分で決めたことは最後までやる。先生はYくんがうまくいかなかったら逃げ出す男にはなってほしくないから、少し厳しく言うよ。」「今年一年だけ頑張れ。それか、何月まで頑張るか、パパとママと相談して、その月までは頑張ろう。」「でもね、考えてみな？　サッカーは楽しいんだよなぁ。それってサッカーがうまくなってるからでしょ？

もしかしたら、スイミングをやってるからサッカーもうまくなってるんじゃないか?」主任コーチがここで相の手を入れます。「そうだよ、スイミングを頑張って体力がついたから、サッカーでたくさん走れるんだよ。スイミングを続ければ、サッカーももっとうまくなるよ!」

さすが主任、私の言いたいことを察してくれたようです。彼が言わなければ私が言ってしまうところでしたが、ここは現場のコーチの方が説得力があります。

「どうする?ちょっとだけ頑張る? それとも何もしないで帰る?」「…ちょっとだけ、やる」「よし、さすが男だかっこいいぞ! Yくんならそう言ってくれると思った!」

盛大に褒めちぎる私とコーチ。実際、Yくんならここを乗り越えてくれると思っていただけに、私たちの喜びもひとしおです。

翌週は会うことは出来ませんでしたが、その後何日か経って、Yくんのママに会うことが出来ました。その後どうですか、と尋ねると…。「今もスイミングを続けています。うちの子はずっと走っていられるほど体力があって、サッカーのコーチにも褒められたようです。スイミングを続けているから体力がついたんだね! と言うと嬉しそうに笑っていました。もうしばらくスイミングも頑張るそうです。」と笑顔で答えてくれました。

ひとえにママの励ましと本人のガッツのたまものですが、きっかけくらいは与えてあげられたかな、と思います。こどもが壁を乗り越える瞬間は本当に感動的で、心が動きます。すべての男の子に言えることではありませんし女の子には根性論が通じづらいので、少し違った声かけが必要になってきますが、いずれにしても大人として毅然とした対応をお願いします。

Q、スマホ、ゲーム、持たせたくないけれど…どんな対応が望ましいか

私がこどもだったころの携帯電話は重さが約三キロ。肩にかけて持ち運ぶような巨大なものでした。そして日本中が熱狂したゲーム機、ファミコンの容量はわずか一メガバイト、デジカメで撮影した写真一枚よりも少ないんですよ。それに比べて現代のスマホ、ゲーム機の高性能なこと。そしてそれを当たり前のように使いこなすこどもたち。園での保護者面談中、待っているこども（四歳の年中さんでした）の手元を見ると、それはもうスイス

イとｉpadを操作しながらアニメを観ていました。これが時代の流れか…新しい人類の誕生を実感しました。ゲームもスマホも、いまや立派なコミュニケーションツールです。DSの通信機能を使っての仲間との対戦や、LINEやさまざまなアプリの存在は、使い方次第で世界中の人間とともだちになれる、素晴らしい可能性を秘めています。

私もゲームは大好きでした。今はもう買って遊ぶような機会はありませんが、学生のころ、それはもう熱中したものです。漫画やアニメも同じです。社会的な評価は決して高くはありませんが、映画や小説や絵画と同じ総合芸術だと思っています。豊かな感性に触れ、別の人生を疑似体験できる素晴らしい娯楽として、そこから得られるたくさんの感動は、間違いなく人生の役に立ったと胸を張って言える、ゲーム肯定派です。

ですが…こどものためになるかというと、これはきっぱりNOと言えます。むしろ今はまだひとつもいいことはない、と言い切ってしまってもいいかもしれません。何故かというと、『どれだけやってもモテる人間にはならない』からです。

例えばディズニーランド。アトラクションの列に並んでいる親子を眺めると、ママはスマホでゲーム、こどもはDSでマリオ。こんな光景をよく目にします。確かに一日遊んで疲れているし、なによりゲームに集中しているこどもは静かでおとなしいですから、ある意味で大変効果的な方法です。ですが、そのこどもが大きくなって、好きな人とのデートでディズニーランドに遊びに来たときに、並んでいる間ずっとスマホをいじっていたら。それはなんだか残念な光景であり、とてもカッコ悪いことのように思えます。（ディズニーランドは、アトラクションを待つ時間には会話を楽しむ、実は人間力の必要な大人の場所なのです！）

例えば公園。日曜日、小学生がすべり台の上に集まって何をしているかと思えば、無言でDSの通信対戦をしているのです。「なにしに公園来とんねん！」とつっこむ場面ですよね。私の目には、会社行きたくない病のサラリーマンの姿に映りました。こどもの私が同じことをしていたら、私の父なら一〇〇％の確率でDSを無言のまま、まっぷたつにへし折ることでしょう。（いわゆる『逆パカ』です）

『「つ」がつくうちは神の子』という古い言葉があります。ひとつ、ふたつ…やっつ、このつ。九歳までの「つ」のつく年齢のうちは神さまの子だから、たくさんの刺激を与えて人間の世界に慣れさせてあげましょう。幼いころに出会ったものは、実はひとつ残らずこどもの中にストックされます。そのときに理解出来なくても、大きくなるにつれて「あのときの出来事はこういう意味だったのか」と思い出すための大切な栄養分なんです。そして、人のぬくもりや気持ちがもっとも素直に心まで届く大切な時期でもあります。この時期に優しくされた思い出や褒めてもらった言葉は、その後の一生を左右するほどの影響をこどもに与えます。「私ってすごい！」「私、愛されてる！」たっぷりの愛情と確かな成功体験を積んだ人間の心を本当の意味で折ることは誰にもできません。

このたくさんの刺激のうちには、もちろんゲームやスマホも含まれます。例えば赤ちゃんの目の前でテレビをつけると、食い入るようにして見つめることがあります。「うちの子ったらテレビを見て楽しんでるのね」そうではありません。あまりの刺激の多さに、脳が一生懸命処理しているだけですから、感覚としてはなにも入らないどころか、ノイズとしてストレスになってしまうだけです。ゲームに集中しているこどもも、もしかしたら同じ状態なのかもしれません。大人ですらのめり込んでしまうような刺激の塊は、パパやママがちゃんと管理してあげてください。絶対やってはいけないとは言いませんから、遊ぶ時間や場所を約束したり、お手伝いを頑張ってくれたときや特別なときなど、あくまでも親の裁量で判断し、与えてあげてください。こどもの好きなことをさせてあげたい。とても素敵な考えですが、好きなことを『好きなだけ』させるのはちょっと違います。甘いお菓子と同じです。あればあるほど欲しくなり、与えすぎると太ってしまって身体に悪いでしょう？　たっぷりの運動とセットだからこそ、お菓子の甘さも引き立つものです。

初めはママとふたりきりの閉じた世界から、たくさんのともだちがいる園へ。小学校・中学校と進み、さまざまな経験と人間関係の中から、少しずつ世界を広げていくのが成長というものです。見て聞くことも大事ですが、そのものに触れて、空気感を肌で感じることが、生きている実感に繋がるのではないでしょうか。エジプトのピラミッドをテレビで観るのと実際に訪れ経験するのとでは、とんでもない感動の差があると思いませんか？『知識』と『認識』はまったく別のものなのです。

園や学校に行かなくても身体は大きくなるし、勉強も出来ます。では何故通うのか？それは『体験』をするために行くのです。いいことばかりではなく、つらいことや苦しいこともすべて貴重な経験です。それらを乗り越えたところにある、成功体験や達成感、他人との距離感は、大人になってから得ることは難しいものばかりです。

いわゆる『ひきこもり』や『ニート』と呼ばれてしまう人たち。圧倒的に男性が多いのですが…。（ゲームが大好きなのもたいてい男の子です）彼らは決して怠け者ではないと、私は思っています。『人とのふれあいが怖い。自分が必要とされる人間かどうか自信がなくて、人から傷つけられることよりも人を傷つけてしまうことが怖い、優しくて真面目な人。』画面の中の存在は、己を否定することもありませんが抱きしめてもくれません。だから居心地が良く、だから自分が成長することもありません。閉じた世界に引きこもるのであれば、それはママのおなかの中にいるのと同じです。

要は程度問題とバランスです。ゲームから得られたものを人間関係で活かすことが出来るのならば、なんの問題もありません。スマホも同じことです。ＬＩＮＥの既読機能による人間関係の押しつけや、ブログやツイッター上で起こるさまざまな問題は、未熟な人間が高度なシステムに甘えたことから始まる悲劇です。進化した文明をしっかりと使いこなせる、大人に育ってもらいたいものです。

Q、防犯や安全対策で望ましいものは？

世の中にはたくさんの優れた防犯グッズがあります。どれも使いこなせれば効果は絶大、緊急時にはこれほど頼もしい味方はいません。けれども、それが『使いこなせれば』の話でしょう？　大人ですら、本当に怖いときは一歩も身体が動かず、たった一言すら出なくなってしまうのに。『いざというとき』が訪れた場合、そのアイテムをこどもが使いこなせるかどうかはちょっと疑問です。むしろそれを持たせることでママやこどもが安心し、危機管理を怠ってしまうのでは、せっかくのお守りも逆効果です。ということで、ここではあえて『おすすめの防犯グッズなどない！』とバッサリ言い切らせてもらいます。

私が考える最大の防犯対策、それは、『ご近所付き合い』です。

こどもの視点で考えればよく分かります。家と学校を往復する間にたくさんの知り合いの大人から声をかけられれば、自然と『知らない大人』を警戒するようになります。危険な遊びをしようものなら、知らないおじさんに怒鳴られる。（これで次からは知っているおじさんです）遊ぶ範囲が広がるほどに、危険な場所についての理解も深まります。

大げさな話ですが、例えば町中の大人が顔見知りだとしたら。そんな町にもし泥棒や不審者がやってきたとしても、「なんだあいつ見ない顔だな」とすぐに怪しまれてしまい、そこで終了です。これ以上の防犯・安全対策は、見当たらないと思いませんか？　これは例え話なので、ここまでの理解を得ることは今の世の中では難しいでしょう。かといって、ママひとりでこどもの安全を守ろうとしたら、身体がいくつあっても足りません。

面倒だわ！　と瞬間的に顔をしかめたあなた。お気持ちはよく分かります。ママ友の付き合いですら大変なのに、なんで近所の人にまで気を使わなくちゃならないのよ、と思ってしまいますよね。その時点でもうイライラママ予備軍です。

人付き合いは、心に余裕がないと出来ないのです。けれどもその余裕は、人に頼ったり人に認められたり、結局、人と関わることでしか手に入りません。たったひとりでこどもの将来を背負おうとするママは、本当に孤独な気持ちでいっぱいだと思います。もっと周りにお願いしていいのです。園だって、孤独なママの気持ちを受けとめようと、たくさんのきっかけを用意して待っています。安心して甘えて、頼ってください。

私はそんな夢のようなご近所付き合いの中で育つことの出来た、幸福なこどもです。といっても少し特殊な事情ですが。

私がこどものころ、当時園長であった祖母の傍らで副園長をしながら、、父は地元の市議会議員としても働いていました。父の周りにはたくさんの応援して下さる方々がいて、その誰もが私たち家族を大事にしてくれました。「地域のこどもは地域みんなのこどもじゃないか」そう言ってくれる大人の中で過ごすこどもは、人の優しさに包まれながら人との適切な距離感を学んでいくことが出来ます。私の母も、たくさんの先輩ママに支えてもらうことが出来ました。例えば地元の行事で忙しいとき。ばぁばたちからは「あんた寝てないんでしょ、こどもは見ててあげるからちょっと

寝なさい」と助けられ、小学校で私がやんちゃして先生から怒られたときは「そんなケガ大丈夫よ〜」「男はケンカするものなんだから、ほっときなさい」とフォローしてもらう。私自身もじぃじや先輩パパからは遊びを教わり、時には父の代わりに叱られることもありました。私にとっては、何千人もの親戚に囲まれながら過ごしていたようなものです。私は地元のどこに行っても声をかけられ、なんだかよく分からないうちにみかんやおせんべい、あめ玉をもらい、サッカーボールをガラスにぶち当ててはカミナリ親父に怒鳴られ、毎日を幸福に過ごすことが出来ました。他人のこどもを叱れない、なんて悩みも地元では不要です。「大人がこどもを叱るのに自分の子も他人の子もあるか！」という気概がありました。

自分が大人になるにつれて、周囲の大人に支えられ生きてきたということをようやく実感できるようになりました。私が受けた地域の恩は地域のこどもに返す、そう思ったことが幼稚園を継ぐことになったきっかけのひとつでもあります。現代の子育てママは、褒められず支えられる事もなく孤独な子育てをしているママが多いように思います。マンションの隣の住人の素性すら知らない、そんな緊張感の中でわが子を守るのは、いったいどれほどのプレッシャーなのでしょう。人はひとりでは生きられないし、たくさんの人が集まることによって信じられないパワーを発揮することもできます。万が一大地震が起きたら。火事や洪水に見舞われたら。助けてくれるのは自衛隊や消防士だけではなく、たったひとことだけの挨拶を交わしたお隣さんかもしれません。『子育てはひとりで背負うものではありません。』みんなで分担をしながら心の余裕を持てるよう、肩の力を抜いてやっていきましょう。そのためのご近所付き合いであり、ひいてはママのためでもあります。

コラム　花まる学習会・高濱先生のこと

この人と出会わなければ今の自分は存在しなかっただろう。そう思わせてくれるような、人生の分岐点となるほどの影響を与えてくれた人物が私には二人います。ひとりは父・新藤義孝。そしてもうひとりが、花まる学習会代表・高濱正伸先生です。仮面ライダーやウルトラマンよりも憧れた、私にとってのヒーローはこのふたりです。生きている現実の大人こそヒーロー、そう思わせる男の背中は、世の中の頑張っているパパすべてに見ることが出来るはずです。

初めてお会いしたのは私が小学四年生のころ。中学受験を控えながらも、まったく勉強に身が入らなかった私の元へ家庭教師として現れたのは、笑い声が異常に大きい、身体の内側からエネルギーがあふれ出ているような、そんなお兄さんでした。問題を解く時間よりも先生と話をしている時間の方が長く、問題の答えが分かるよりも先生に正解を褒められることの方が嬉しい、そんな不思議な時間を過ごしているうちに、いつしか勉強そのものが好きになっていました。

これならば大丈夫、と先生が本業に戻られた後、再びお会いすることになるのは小学六年生のころ。成績は上がったもののそれゆえに調子に乗り、またしても勉強に身が入らなくなった私の元へ再び訪れた先生は一言だけ、「二週間だけ集中しよう。この二週間で男になってみろ。」と告げました。先生の言葉で火をつけられた私は、なんとか志望校に合格することが出来ました。私にとっての受験勉強とはこの二週間のことです。

そんな高濱先生率いる花まる学習会の活躍はメディアにも取り上げられ、今や会員数一万八〇〇〇人を超える組織となりました。毎年夏に行われるサマースクールはひと夏で六五〇〇人もの参加者を生み、各地で行われる講演会では、子育てに悩むママたちの心のツボを的確に刺激し、その結果いまや全国に追っかけママが生まれるほどの大盛況となっています。その勢いはいまや日本中に広がり、佐賀県武雄市と共同で取り組まれている、『官民一体型学校』

へと繋がっていきます。

「俺のところに来いよ」そう言ってくださったのは、卒業を控え、進路に悩む大学四年生のころです。「高濱の下なら安心だ、あいつはこれからきっととんでもなく大きくなるぞ。」と言いながら父も賛成してくれたのですが、家の事情や自分自身の信念に従った結果、悩みに悩んだ末に私は幼児教育の道に進むことを決断しました。あれから一〇年、父は総務大臣として、高濱先生は総務省主導による『ドリームスクールプロジェクト』の一員として再会し、共に仕事をすることになりました。なんとも不思議な御縁です。

高濱先生から教わったことは、『勉強が出来ることは人間の魅力を上げる第一歩』ということです。『飯が食える大人を育てる』高濱先生の教えを受けることで私が目指している答えは、『好きな人を幸せにする大人を育てる』というものでした。私自身まだまだ至りませんが、この信念のもとに、いつかはたくさんのこどもたちに伝えられるようになりたいと思っています。

いつか語ってくれたあの言葉、「大人は楽しいぞ。早く大きくなって俺と一緒に仕事をしよう！」この言葉を忘れたことはありません。先生の背中を追いかけ、いずれその場所に辿り着いたなら、今度は自分の背中を追いかけてきた後輩たちへ、先生があの日私に灯して下さった火を受け継がせていきたいと思います。

第４章　心と体にいただきます！

芋掘りで穫れたと歓ぶ三歳も
泥つきのお芋なのかもしれず

Q、母乳はいつまであげたらいいですか？

保育園でたくさんの赤ちゃんや、ちいさなこどもたちに毎日おいしいごはんを作ってくれている調理師さん、そしてプロの管理栄養士さん（栄養士さんがさらに国家試験に合格することでなれる、スーパー栄養士さんのことです）からたくさんのことを教わることができましたので、その一部をご紹介します。

大好きなママに抱っこされながら、おなかいっぱいでウトウトする赤ちゃんの寝顔。その顔には、この世のすべての幸せを独り占めしているかのような、満足げな表情が浮かんでいます。その寝顔を誰よりも近くで眺められるのはママの特権であり、この顔を見たときに「ママになった実感が湧きました」なんて声もよく耳にします。

母乳は、地球上でもっとも人間の赤ちゃんに適した栄養源です。たんぱく質やミネラルをはじめとする様々な栄養素が含まれていて、特に赤ちゃんの免疫を高める成分（IgA）や、消化器官の発達を促す成長因子などは、人工のミルクには含まれていない重要なものです。そしてなによりも、赤ちゃんがママの存在を感じ、親子が精神的な結びつきを強めるためという、とても大切な役割を持っています。母乳をあげ抱っこをすることで、赤ちゃんは栄養を吸収し、さらに情緒の発達や精神の安定を図るのです。

母乳はいつまであげるの？　これにはさまざまな説がありますが、結論としては「あなたの赤ちゃんが教えてくれますよ」と言うことだと思います。ＷＨＯ（世界保健機関）のガイドラインでは、『生後二歳以上までが望ましい』とされています。実際には一歳半で卒乳（母乳を飲むことをやめること）したママから、三歳を過ぎても飲ませているママまで、さまざまです。前述したとおり、母乳にはたくさんの栄養素が含まれていますし、精神を安定させてくれるものでもありますから、赤ちゃんが望んでいる限りは与えてあげて問題はないでしょう。時期が来れば赤ちゃん自身の本能が選択するはずです。また、現実的な話として、断乳が難しいママもいます。あげるのをやめたいと思っていても、身体が母乳を作ってしまう場合があります。そういうときは赤ちゃんにもらってもらいましょう。一番いいタイミングは、ママと赤ちゃんだけが知っています。

さまざまな理由により、母乳での育児が難しいママももちろんいるでしょう。現代の粉ミルクはとても高性能で、成分の多彩さこそ母乳に及ばないものの、栄養価は充分に高いので、心配することはありません。まずは通常のミルクから始めて、離乳食も食べるようになったら不足しがちな成分（鉄分など）を補うために、フォローアップミルクに切り替えていきましょう。目安としては生後九ヶ月ごろ、と言われています。最終的には離乳食と併用しながら、一歳を過ぎたころに牛乳に切り替えます。

さて、今度は離乳食についてです。始める時期についてですが、一般的には生後五〜六ヶ月からと言われています。これは、赤ちゃんの哺乳反射（赤ちゃんがおっぱいを飲もうとする原始的な反応）に変化が現れるのがちょうどこのころだからです。また、赤ちゃんは食べ物を口に運ぶとき、空気中にあるさまざまな細菌も体内に取り込んでいます。赤ちゃんの腸はこのさまざまな細菌に対して、免疫を作ろうと反応を起こします。これがいわゆる『アレルギー反応』と呼ばれるものです。生まれたばかりの赤ちゃんの腸はほぼ無菌状態。そこから母乳等に含まれる栄養素を取り込むことで赤ちゃんの腸は成長しますので、長い期間母乳を飲むこどもはアレルギー疾患が起こりづらい、とも言われています。

ＷＨＯ（世界保健機関）では、赤ちゃんの月齢によって、母乳以外に必要な一日のエネルギーをガイドラインとして発表しています。

・赤ちゃんが生後五～六ヶ月ぐらいのとき

一〇倍ほどに薄め、トロトロになるまで煮込んだおかゆからスタートです。最初の最初ですから、目的は食材スプーンが口に入るときの感触や、舌触りに慣れること。まずはごっくんと飲み込むことを楽しめるようにしましょう。ややぬるめの温度で、この時点では味もなく、量もほんのちょっぴり（スプーン一さじ程度）で構いません。そこに、茹でた人参をすりつぶして水で溶いた片栗粉等でとろみをつけたもの、湯通しした豆腐をなめらかにすりつぶしたもの、ときにはおかゆをパンがゆに変えてみたりしながら、少しづつ種類を増やしていきます。回数は日に一、二回程度です。

・赤ちゃんが生後七～八ヶ月ぐらいのとき

このころから、口をもぐもぐと動かし食材の感触をより楽しませるために、食べ物も少しづつ固形に近くなっていきます。おかゆは七～五倍に薄めたものをお椀で五〇g前後、人参なら茹でたあとにつぶつぶが残るくらいにすりつぶしたものを。すりおろしたりんごや、少量のヨーグルトなんかもいいですね。ほんの少しの卵も添えて、そろそろちょっと味付けもして、回数は日に二回程度です。

・赤ちゃんが生後九～一一ヶ月ぐらいのとき

だんだんと歯も揃ってきて、いよいよ噛む楽しさを感じることが出来そうですね。四倍くらいに薄めたいわゆる普通のおかゆと、人参なら茹でたあと小さく刻んだもの、チーズや、そろそろお肉も悪くないです。固形物になってきたのは良いものの、胃腸の吸収効率はまだまだです。その分は回数でカバー、日に三回くらいが望ましいでしょう。

・赤ちゃんが一歳～のとき

もうすっかり食べ物に慣れたころでしょう、ふっくら炊いたごはんを八〇gくらい、パンならトースト半分くらいなら食べられそうですね！あせらずゆっくり、しっかり噛んで食事を楽しみましょう。

ざっと駆け足で説明しましたが、もちろん個人差があるものなので、ママと赤ちゃんのペースにあった早さで食育も進めていきましょう。『離乳』食とありますが、母乳やミルクはやめる必要はありません。赤ちゃんの興味が食べ物にうつり、自然なタイミングで卒乳することがなによりです。

Q、こどもが好きなものばかり食べたがります。おススメの朝昼晩の食事メニュー、食事量、調理法を教えてください！

好きな食べ物があるのはいいことです。食べ物に興味を持つことは健康を考える上でも、そして命そのものを考える上でも非常に重要です。その上で栄養を考えたときに一番大切なことは、なんといっても『食のバランス』、これに尽きます。栄養バランスと言っても、毎回の食事すべてに十分な栄養と豊富な食材を用意する、という訳ではありません。それが出来るなら素晴らしいことですが、頑張りすぎたり無理をしてまで整えるものではありません。それではどのように整えていけばいいのか母乳の項目同様に、専門家のご意見を一部紹介しながらお話ししていきたいと思います。

朝・昼・晩の三食にはそれぞれに意味があり、また意識しなければならない点がいくつかあります。

まず朝ごはん。一日の始まりである朝は、前日の晩御飯も消化し胃はからっぽ。一日のうちでもっとも重要な食事の時間です。ごはんや魚といったエネルギー源も大事ですが、納豆やヨーグルトなどの発酵食品を摂ることで胃腸の動きを活発にし、フルーツなどから得られるビタミンやミネラルは、その日一日の体調を左右する大事な食材です。また、朝食べたものによって、昼や夜のおすすめメニューも変化していきます。しっかり噛んできちんと排便を済ませて出発、そんな一日に出来るよう、出かける一時間前にはこどもと一緒に朝食の席に着きたいですね。

昼ごはんについては、ここはあまり難しいことは考えず、好きなものを食べるのがいいようです。一日の折り返し地点ですから、肉などの主菜をしっかりと摂り、これからの活動に備えましょう。朝晩の食事で摂らないようなものを取り入れ、一日の食事内容が偏ることのないよう、バランスを調整しながら摂れるとなおいいですね。その点、園に通っているこどもは安心です。なにせ、食のプロがしっかり考えてくれていますから。

晩ごはんについては、一日の疲れがたまってるせいか、ここでしっかりと食べなきゃ！の意識が強くなりがちですが、出来れば腹八分目に留めておきたいものです。何故なら、胃の中に残っているものが多いほど、眠るときの胃腸に対する負担が大きくなってしまいます。特にこどもは晩ごはんから就寝までの間隔が短いため、出来るだけ早い時間に魚や濃い色の緑黄色野菜などを摂って、あまり負荷がかからないようにして寝かせてあげてください。満腹状態での就寝は、翌朝の目覚めや朝ごはんにも影響してしまいます。

食事はバランスが大切です。それは一食単位の話ではなく、一日や一週間、一ヶ月と言った長い期間での見方のことです。園のお昼の献立もその日一日ではなく、一週間、一ヶ月の平均をとったときにバランスの良い計画、といった形で考えられているのです。

そして世の中には、相性の良い食べ物もあれば、悪い食べ物の組み合わせといったものも存在します。家庭のごはんや何気なく入ったレストランなど、日常生活の中で当たり前のように出てくる組み合わせは、実は非常に理に適ったものだったのです。以下、代表的なものをいくつかご紹介します。

身体に良い組み合わせ

・とんかつ＋キャベツ

アツアツに揚がったとんかつ、口いっぱいに頬張ったあとの油っぽさは、キャベツがリフレッシュさせてくれます。キャベツは、食感だけでなく、食物繊維と胃酸過多を抑える成分によって胃の負担を軽減し、消化・吸収も手助けしてくれます。熱血パパとおっとりママの関係は、栄養学的にも最高のパートナーです。

・納豆＋ネギ

どちらも豊富にビタミンを含み、美肌効果とともに、血栓を溶かしたり予防してくれたりするので、血液サラサラ効果も期待できます。お手軽にバランスよく栄養を摂ることが出来る、優等生コンビです。

・レバー＋ニラ

レバー独特の臭みを打ち消すことだけがニラの役割ではありません。ニラが持つ成分は、レバーの持つ疲労回復効果を高めつつ、さらに体内に長く留まるような手助けをしてくれる効果があります。お互いの相乗効果によって抜群のスタミナを与えてくれます。

身体に悪い組み合わせ

・天ぷら＋スイカ

どちらも単独で食べる分には体に良いものの、油分の多い天ぷらと水分の多いスイカは、胃液が薄まり消化不良を起こす原因になってしまいます。また、熱くてサクサクの天ぷらのあとに冷たくさっぱりしたスイカを食べるとついつい食べ過ぎてしまい、胃の中が大騒ぎになってしまいます。

・わかめ＋ネギ

納豆のパートナーとしては有能なネギも、わかめが相手だとちょっと勝手が違ってきます。わかめに含まれるカルシウムの吸収をネギに含まれるリンが無意識に（かどうかは分かりませんが）邪魔をしてしまうため、相性は悪いようです。

どれもみなママやこどもの健康を支えてくれる心強い仲間です。また、身体に悪い組み合わせだとしても、『混ぜるな危険！』ほどの悪影響はありませんから、そこまで気にすることもないでしょう。このお野菜とこのお野菜は仲良しでね…なんて言いながら食事をすれば、こどもも愛着を持ちながら、楽しく食材のことを学べるような気がします。

毎日の食事メニューを考えることは、料理上手のママですら簡単なことではありません。そんなときは食材ではなく、『揚げる・炒める・煮る・焼く・蒸す』といった、調理方法を工夫することでバランスをとるやり方がおすすめです。同じ食材でも調理方法が違えば食感や味付けも変わり、また摂取できる栄養素も変わってきますので、自然とバランスもとれるという訳です。

三食をバランスよく適切な間隔を空けて摂取すれば、間食としてとるスナック菓子や甘いものなどもそうそう悪影響が出るものではありません。
※　厚生労働省のホームページ「食事バランスガイド」もご参考にどうぞ。
http://www.mhlw.go.jp/bunya/kenkou/eiyou-syokuji.html

Q、ピーマンとニンジンetc…苦手な食材は、どうしたら克服できますか？

幼児期におけるピーマンやニンジン、ブロッコリーは、食事の時間における最大の強敵です。立ち向かう方法を間違えてしまうと生涯の敵となってしまいますので、ここはおおらかにユーモアを交えながら時間をかけて和解させてあげましょう。

私は、幼児期における食べ物の好き嫌いについては、無理に直させる必要はないと思っています。よって、『今は無理に克服させなくていい』というのが私の答えになります（この考えは栄養士さんとも一致しています）。

好きも嫌いも、同じ食に対する興味の表れです。好きには理由がありませんが、嫌いには必ず理由があるので、それはその子の特徴のひとつだな、とまずは受け入れてあげてください。どうしても食べたくないのなら、同じ栄養素を含む別な食べ物を用意して下さい。そこにこだわることで食事の時間そのものを楽しむことが出来なくなる方が心配です。

ここは『食べさせる』ことをやめて、『好きになってもらう』ことに方向転換しましょう。キーワードは『アレンジ』と『ユーモア』です。こどもが食べ物を嫌いになる理由は、『まずい』と『色・形がイヤ』この二つでだいたい説明がついてしまいます。まずはここをアレンジしてみましょう。食べ物の味や食感は、工夫次第でいくらでも変わります。

① 刻んで混ぜ込む

これは定番です。お好み焼きや餃子、ハンバーグなどに細かく刻んで入れ込んでしまえば、意外と分からなくなってしまうものです。(私もこの方法で野菜嫌いを克服しました)

② 調理方法を変えてみる

例えばこどもの嫌いな野菜ランキング常連のピーマン。私も嫌いでしたが、とあるおそば屋さんで天ぷらそばを頼んだ時に、「うちのピーマンは苦くないぞ!」と店主がニヤり。恐る恐る天ぷらを口にしたら、本当に苦くなかったのです。ピーマンに限らず、人参やゴボウなど、細く切ったものをフライドポテトのようにカラッと揚げたものは食感も軽く、おやつ感覚で食べられるのでおすすめです。加熱により栄養素がなくなったとしても、苦手なものの克服のきっかけになるのなら安いものです。他にも、カレー粉をまぶしたり、めんたいことマヨネーズを混ぜ合わせたディップにつけたり…見た目と味が変わってしまえばそれはもう別の食べ物です。まずはこどもの嫌いな姿から遠ざけてみましょう。

③ お菓子に混ぜてみる

こどもはおやつが大好きです。そして、珍しい食べ物も大好きです。野菜クッキーや野菜マフィン、ホットケーキの生地に練りこんでみてもいいでしょう。食べた後にネタばらしをして、なんだ美味しかったんだ！ とびっくりした顔が見られるのも嬉しいですよね。どのアレンジも、難しい技術は特に必要ありません。人参を型抜きで星形やハート形にくり抜いただけであっさり食べられる子もいます。反対に食べなきゃいけない！というプレッシャーがつらくて食べられなくなる子もいます。まずはその食べ物を別の角度から演出してみてはいかがですか？

そしてこれが一番大事、ユーモアです。こどもは気分の生き物、気が向けばなんでも出来て、気が向かなければなにひとつ出来なくなります。こどものやる気を引き出すのは、いつだってママの声かけひとつです。「〇〇くんのかっこいいとこみてみたいなぁ～」「まさか…全部食べられちゃうの？　すごすぎる！」などなど、お昼の時間になると、どこの保育室でも先生の大げさなリアクションを見ることが出来ます。とにかくこどもは褒められるのが大好きです。大げさに褒めれば褒めるほど、こどものやる気は天高く昇っていきます。うちの園長の得意技ですが、ときにはこんな逆説的な声かけも有効です。「ごはんとか、あんまり食べないでね。大きくなったら困るから」「やめて！　そんな食べたらおにいさんになっちゃう！　ちいさいままでいいよ！」

そんなときのこどもたちは得意げな顔をしながらばくばくと給食を食べてくれます。「仮面ライダーはこれを食べて強くなったらしいよ！」「これを食べたらプリキュアみたいにかわいくなっちゃうんだって！」と、こどもの好きなキャラクターの力を借りるのもいいですね。そして最後は強引に、勢いで押し切ることも重要です。「にがいからやだ～」「実はね、奥歯で噛めば苦くないんだよ！」「…ホントだ！」ウソでしょ？　と思うくらい簡単につられたりしますから、「勢い」や「思い込み」って大事ですね。

幼児期は、食べることを好きになってもらうだけで充分ですが、小学校中学年くらいまで大きくなったら話は別です。嫌いなもののひとつふたつ、大したことないよ。これは言い換えると、「いつまでも大したことのない問題に負けてるんじゃないよ」になります。

食事のマナーや作り手への感謝の気持ちなど、別の観点から「これは食べなければいけないものだ」と覚悟を決める強い気持ちは大切だと思います。これは厳しいのではなく当たり前のことなんだと、淡々と説明しましょう。食事の時間は、単なる栄養補給の場ではありません。例えば将来、これ一粒で一日の栄養が摂れる、というカプセルが登場したとしても、私たちは変わらず食卓を囲み、笑いながらご飯を食べるでしょう。食と向き合い、人と向き合い、そして楽しい時間を過ごすことがなによりの食育です。

Q、月に何度か「お弁当の日」があります。おススメのお弁当&キャラ弁は?

私の園では、月曜日から木曜日まで給食を取り入れています。バラエティ豊かな食材は栄養バランスもしっかりと考えられ、おいしい白米は、こどもによってはおかずなしでそのまま食べてしまいます。日によって苦手な食材が出てくることもあります。それに挑戦し、完食を目指すことで達成感や満足感、食に対する姿勢などを身につけていきます。

そして金曜日は、ママ手作りのお弁当を持ってきてもらいます。週に一度くらいは、こどもの好きなものだけを食べさせてあげたいと思い、楽しく食べることだけを考えたお昼の時間を過ごします。こどもにとってのお弁当は、宝石箱と同じくらいの輝きがあります。なにせ、箱の中には『おいしさ』、『かわいさ』、そしてママの『大好きだよ』がぎっしり詰まっているのですから。

ママの手作り料理はどんな高級料理よりも美味しい、これは言うまでもないことですが、大好きの気持ちをさらなる『おいしさ』で表現するか、また『かわいい』で表現するかは、

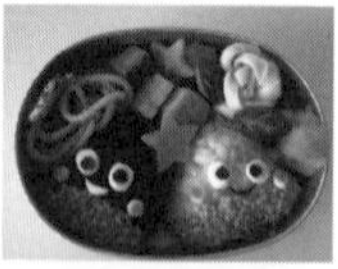

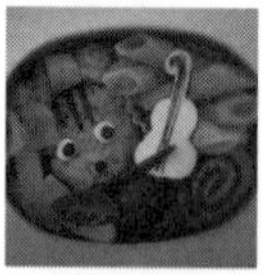

①かたつむりと雨カッパ

②「♪ぱんだ、うさぎ、こあら♪」こどもの歌にあわせて

ママの個性によってさまざまです。見た目も華やかで食べるのがもったいないほどかわいい、いわゆる『キャラ弁』と呼ばれるものも、金曜日のママ弁当でも多く見られるようになってきました。その中からとっておきのものを、ママの許可をいただいて紹介させてもらいたいと思います。

当園にふたりの女の子を通わせてくれているTさんがキャラ弁を作ろうと思ったきっかけは、好き嫌いの多い上の子が、少しでもお昼の時間を楽しめるようになってくれたら、という想いからでした。

実はTさんは、あまり料理が得意ではないそうです。なぜキャラ弁を？　と尋ねると、「私の理想のママ像が、『美味しいごはんを作るママ』なんです。毎日のごはんはそこまで上手に作れるわけではないのですが、週に一回のママ弁当の日や、園の行事を頑張っているときなどは、よくがんばったね！　の気持ちをこどもに伝えたくて、少しはりきってしまいます。」普通のお弁当は約三〇分、キャラ弁になると一時間近くかかってしまうので、作るときは前日の夜から計画しておく、とのことでした。道具や器などはお金をかけるとキリがなくなってしまうので、台所にあるものと一〇〇円ショップで買えるものを利用するそうです。（ちなみに、海苔は一〇〇円ショップの「まゆげカット用の小さなはさみ」が丸く切れるのでおすすめですよ、とママテクを教わりました。）とっても素敵なキャラ弁ですが、そのかわいさにふさわしい手間もかかってしまいます。毎日お弁当を持たせるような環境のママやなかなか時間が取れないママは、ここぞ！　という特別な日だけ挑戦してみてはいかがでしょうか。栄養バランスやいろどりなどという常識はいったん置いて、自分の中の『かわいい！』イメージを全開にして。こどもの性格によっては「かわいくて食べられない…」と言い出すこともあります。これは男女問わず、ママが思っている以上によくあることです。（私も今まで何人も見てきました）こどもの喜ぶ顔が見たい、そう思ってくれるだけで、あなたは立派な子育てママです。

お話を伺った後に、Tさんがぽそっと言いました。「下の子は喜ぶんですけど、上の子はいまいちリアクションが薄いんです。」思うところがあり、こっそり噂のおねぇちゃんに感想を聞いてみました。「今日のママお弁当、どうだった？」「うーん、かわいかった」「嬉しい？」「…すっごい嬉しい（小声）」「どういうところが嬉しいの？」続けて聞くと…。「かわいいし、ママが私のこと考えてくれてるから」こどもは全部お見通しですね！

Q、上手に「いただきます」「ごちそうさま」が言えてちゃんとお箸を持てるようにするためには、どんなふうに指導をしたらいいでしょう?

〜『食』という字は「人」に「良い」と書き、人を良くすることを育むのが食育です〜

医学博士であり食育基本法の制定に携わった服部幸應先生は、このように語られていました。服部先生は、最近の日本の食に関する五つの「コショク」を心配されています。

・孤食・・・家族が揃って食事をしない
・個食・・・家族がそれぞれ好きなものを食べている
・固食・・・毎日同じものばかり食べている
・小食・・・食が細くなっている
・粉食・・・小麦粉を使った食事が増えている

http://www.jfn.co.jp/shokuiku/ [食育の時間]

私がこどものころは、祖父母、それと忙し過ぎてほとんど家に居られない父もごくたまに、母の作った手料理を同じ時間に、同じテーブルで食べていました。当たり前だと思っていた日常が、実はとても貴重な時間だということが大人になった今、よく分かります。独身男性にとって、服部先生の語られる「コショク」は、非常に耳の痛いご指摘です。

乳児期において、こどもの人間関係とは『神様（ママ）とふたりきりの世界』がすべてです。幼児期になると『「親」と「子」を中心とした世界』から徐々に広がりを見せ、児童期中期からは『「自分」と「ともだち」を中心とした世界』に変化していきます。（この時期を心理学用語で『ギャングエイジ』と言います）パパママの言うことを正面から素直に聞ける幼児期の間に、食に対する関心や基本的な姿勢を養っていきましょう。

今の日本は、いつでもどこでもおいしい食べ物が手に入る素晴らしい国です。ですがそれだけに、『美味しい』と『身体にいい』の両立がなかなか難しくなっています。悲しいことに、身体に悪いものほど刺激的＝美味しいと感じてしまうのが私達なんです。かといって、身体に良いものにこだわりすぎるのもまた問題です。

「あ、ぼく、無添加のおやつしか食べないんで」「わたし、手作りのおにぎりとかダメでぇ〜」間違っているわけではありませんが、これはこれである意味偏食です。なんでもバランスが肝心です。

そして、多種多様な国の料理をその国に行かなくても味わうことが出来るのも日本の豊かさならではです。スプーン、フォーク、ナイフの使い方はもちろんですが、まずはおはしの持ち方をしっかりと見直しましょう。正しいおはしの使い方は一生ものです。三〇年前、正しくおはしを持てるこどもは全体の三二％ほどでした。ですが、最近の調査ではなんと全体の一二％のこどもしか、正しくおはしを使うことが出来ないそうです。これはこどもの問題というよりは、私たち大人の意識の問題です。こどもたちとその先のこどもたちのために、いま一度大人が良く考えていきたい課題でもあります。

ここでひとつ問題です。『いただきます』『ごちそうさま』この言葉を他の国の言葉に置き換えることができますか？　英語、中国語に変換しようとすると…ぴったりのものが実は見つからないんです。

食前食後のマナーであるこの言葉は日本独特の表現であり、外国語では正確に翻訳することが難しくなっています。『いただきます』→命をいただくことに対する、食材への感謝という意味、『ごちそうさま』→馳走、食材を走り回って手に入れてくれた方への感謝という意味とされていますが、正確な語源を証明できる資料は残っていません。命そのものに感謝をし、携わる人に感謝をする。ただの挨拶かもしれませんが、意味を知った上で言葉にすると、少し違った気持ちになります。外国の方に比べて意思表示が苦手とされている日本人ですが、こんなにも豊かで美しい言葉があるかと思うと、嬉しくなります。

英語圏の人たちはどうしているのでしょうか。言葉としての表現ではなく、神様へのお祈り、という形で感謝の意思表示をしています。いただきますを強引に英語に訳すと「Let's eat！」＝さぁ食べよう！　になります。では、ごちそうさま、を訳すと…「Thanks for the nice meal」＝おいしいごはんをありがとう、が意味合いに近いものです。さまざまな言い回しも英語の魅力です。

中国語に訳すとしたら、いただきますは「吃飯（チーファン）」＝食べます、ごちそうさまは「吃飽了（チーバオラ）」＝おなかいっぱい、になるのかなと思います。面白いの

が、中国では「吃飯了吗？（チーファンラマー？）」＝ご飯食べた？　が、日常の挨拶なんです！　日本語で言う「いい天気ですね」のような声掛けとして使われています。中国の食に対する考え方やその重みを推測できる、興味深い一言です。

普段何気なく使っている言葉でも、意味を知ることによってその国の人々が大切にしていることや、その国の文化を知るヒントになります。そこから興味が広がれば、それはそのまま人間そのものの興味にも繋がります。知識が広がるって楽しい！　という感覚も、ぜひこどもに感じさせてあげたいと思います。

Q、小児科で一度、アレルギーの検査をしたほうがいいと言われました。こどもに多い代表的なアレルギーと対応策、改善策を教えてください！

こどものアレルギーはもはや日常です。花粉症やハウスダストアレルギーのように日常生活に支障の出るものから、時には命にかかわるようなものもあり、「知らなかった」や、「うっかり」ではすまされないことがあります。新年度を迎える前に担任の先生が準備することは山ほどありますが、その子の顔や名前、性格はもちろんのこと、アレルギーの種類や程度問題の把握は、いまや必要不可欠となりました。

アレルギーほど多種多様で、予断や予測の難しいものはありません。

その子が持って生まれた体質の場合や、食べ物・環境による影響まで、原因はさまざまです。事前に分かっていても、その後に意外な場所からアレルギーの原因（アレルゲンと言います）との関連性が見つかったり、普段しない行動をとることで、ママも知らなかったアレルギーが見つかることもあります。

食物アレルギーについては特に細かな注意が必要です。園で食べる給食の中には、パンや卵、牛乳などアレルギー体質のこどもに影響があるものも含まれているからです。園では普段、心当たりがあるご家庭には成分表を渡し、該当するものは取り除いたり、一部おかずを持ってきてもらうこともありますが、その日の献立によってはお弁当を持ってきてもらうような場合もあります。

アレルギーの最も恐ろしいところは、呼吸困難や血圧低下など、『アナフィラキシーショック』と呼ばれる症状を引き起こしてしまう可能性があるということです。

厚生労働省では、日本の人口の一～二％、乳児においてはその中のおよそ一割の子どもがアレルギー体質、と推定されています。食物アレルギーに対する効果的な治療法はいまだ確立されておらず、原因となる食べ物をとらないことで予防・治療を行う、ということが原則になっています。特に「卵」「乳」「小麦」「えび」「かに」の五品目は発症事例が多いため、特に注意が必要です。また、「そば」「落花生（ピーナッツ）」の二品目は、症状が重くなることが多く、生死に関わることもあるため、これらを合わせた七品目には食品のパッケージへの表示が義務付けられています。ただし、お惣菜などのパッケージが小さいものは、表示されないこともありますので注意が必要です。

「うちの子、もしかしたらアレルギーなのかしら？」特定の行動の後の湿疹や体調不良は、アレルギーの可能性を疑ってみて下さい。もしかしたら日常の些細な不調の原因も、アレルギーかもしれません。疑い始めたらキリがありませんが、おかしいな、と思ったらまずは小児科の先生に相談をして下さい。

アレルギー検査は大きく分けて「血液検査」と「皮膚検査」があり、いずれもそう難しくない検査なので、比較的低年齢から受けることが出来ます。食べ物アレルギーの場合は、原因と思われる食物を食べさせずに経過を観察する「除去テスト」、そこから少しずつ摂取して経過を観察する「負荷テスト」などからアレルゲンを特定します。これらは専門のお医者さんのもとで慎重に時間をかけて行う必要がありますので、家庭で安易に試したりはしないようにしてください。乳幼児期のアレルギー発症は成長とともに低下する場合も多く、最初の発症時にアレルゲン摂取を控えることで予防にもなりますから、早くに気がつくとそれだけママもこどもも楽になれます。

この『早期のアレルゲンの発見』、が一番難しく、一筋縄ではいかないのです。アレルギーはその子の持って生まれた体質から環境の影響まで、様々な要因から発症します。それらを特定することは、別の言い方をすると「我が子に眠る才能をピンポイントで見つけ出す」ことと同じくらい難しいことだと言えるでしょう。

そして、頼みの綱のお医者さんも決して全能ではありません。例えば花粉症。どこの病院のなに科に行けばいいのか、すぐには分かりません。

どこの病院の、だれ先生は、なになに症状について詳しい、そういう情報を一番持っているのは、実際にアレルギーに悩んでいる方々ではないか？　そう考え、思い切ってお話

規定	アレルギーの原因となる食品の名称
省令 7品目	卵、乳、小麦、えび、かに そば、落花生
通知 20品目	あわび、いか、いくら、オレンジ、キウイフルーツ、牛肉、くるみ、さけ、さば、大豆、鶏肉、バナナ、豚肉、まつたけ、もも、やまいも、りんご、ゼラチン、ごま、カシューナッツ

厚生省食物アレルギー対策検討委員会　平成10年度報告書より改変

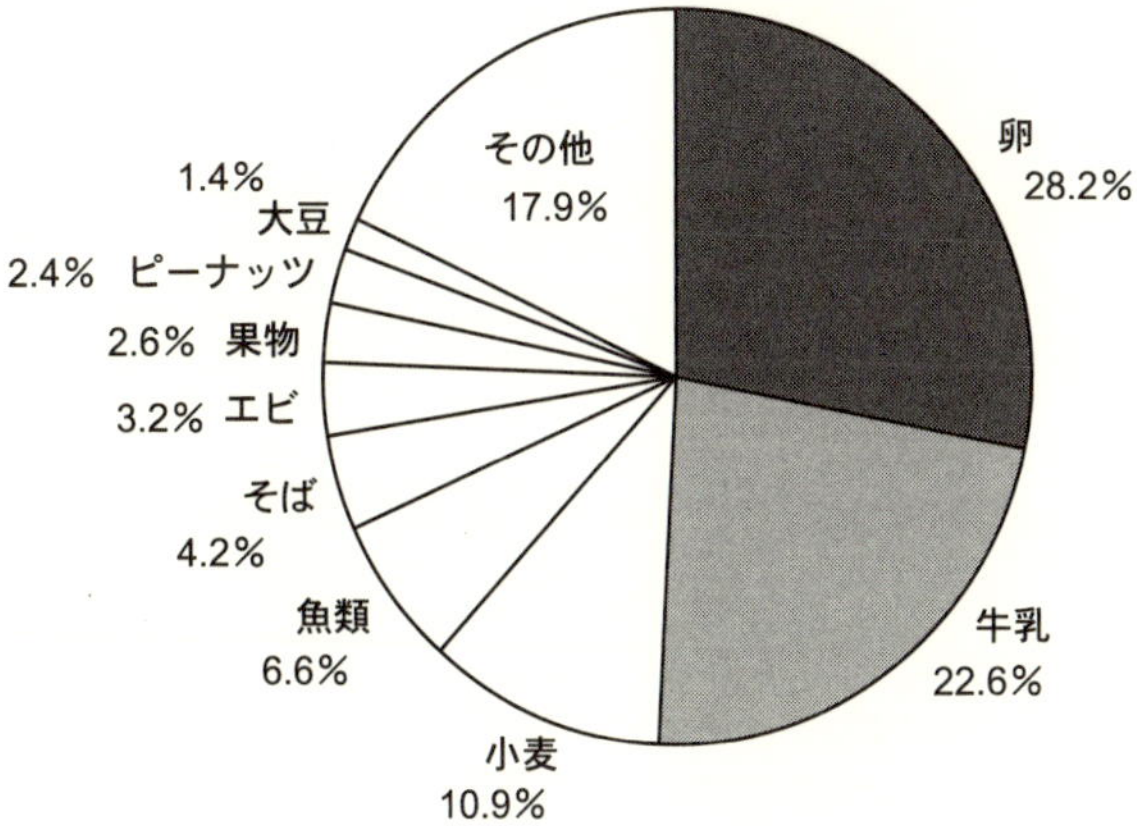

を伺いに行ったところが、『NPOみれっと』という小児アレルギーに悩んでいるママたちが運営するサークルです。参加費は無料なので、一度遊びに行ってみては？

コラム　NPOみれっと・久間さんのこと

NPOみれっと代表の久間（ひさま）さんについて、お話ししたいと思います。

久間さんがご自分のお子さんのアレルギーに気付いたのは、下のお子さんが一歳のころでした。赤ちゃんのころから食べ物をひんぱんにもどし、下痢も続き、だんだんとやせ細っていく姿を見て、何度も病院に連れて行き薬も飲ませましたが、一向に良くなる気配がありません。いよいよおかしいと疑い始めたある日、もどしたものが常に白いという共通点を見つけました。もしかしたらミルク（母乳）が原因なんじゃないか、そう思った久間さんは、思い切ってミルクを与えずに過ごしてみると、症状は徐々に収まっていったのでした。当時はまだ食べ物アレルギーという認識は世に浸透しておらず、ミルクを与えない久間さんを見たご両親は、「栄養のないものを食べさせて！」と非難し、またご主人も「医者の言うことをなぜ聞かないのか」と責めたそうです。

病院を転々とするうちに、アレルギーを理解してくれるお医者さんにやっとの思いで巡り合えた結果、久間さん自身のアレルギーが遺伝していたのだということがようやく分かりました。世間からの偏見や誤解を受け、家族からは非難されるその中で、いっそ自分もこどももいなくなれば…と何度も死を考えたそうですが、同じ思いの仲間と出会い、情報交換や追い詰められたママたちが支え合う場所が必要だという思いから、『みれっと』を立ち上げたのがすべての始まりです。

一九九五年からおよそ二〇年もの間、アレルギーに悩むこどもを持つママたちの拠り所として、何百という人間の悩みを耳にしてきた久間さんは、こう話します。「アレルギーは確かに大変だけれど、決して面倒なこと、厄介なことではない。このままでは人間がおかしくなってしまう、食べ物をはじめ、現代の環境は生物にとって危険だということをこどもが自分自身の敏感なセンサーによって、警告してくれているのでしょう。」「もしかすると、私たち大人が知らず知らずのうちに身体に溜め込んでいた毒素を、こどもがデトックス（解毒）という形で引き受けてくれているのかもしれないですね。」

また、アレルギーだからこそ手に入れた恩恵。「アレルギーを持っている子は決して曲がらない。母親がどんなに苦労し、想ってくれているのかを毎日身体で感じながら生きているから。親子の結びつきは誰よりも強い。」

今でこそ食物アレルギーは一般常識となっていますが、当時の認識はひどいものだったそうです。孤独に押しつぶされそうなママたちを救ったのは、やはり同じ悩みを抱えるママたちでした。久間さんたち初期のみれっとメンバーは、お子さんも大きくなりアレルギーの症状も軽減していたため、何度か解散を考えることもあったそうですが、そのたびに新たに悩む会員が現われ…。先輩ママとして今も活動を牽引しています。

食べ物アレルギーは、本当にたくさんの種類があります。珍しいものではたばこやたけのこ、キウイやイチゴなどの果物まで。アレルギー性の疾患とは少し意味合いが違いますが、約二億人に一人と言われているものに『水アレルギー』というものまであります。文明が発達し、生活は豊かになりましたが、生物としての強さ、たくましさは年々失われていっているような気がします。私たちは一見健康に見えるのかもしれませんが、もしかしたらただ『鈍感』なだけなのかもしれません。『敏感』なアレルギーを持つこどもたちが教えてくれることに耳を傾けなければならない時代が、実はひっそりと静かに訪れているのかもしれません。

あんなちゃん

第５章　注目の施設

あっこちゃん

＊ひばり幼稚園

二〇一一年三月一一日、東日本で起きた大震災は各地で大きな被害をもたらした。津波で多くのこどもたちも亡くなっている。

この大震災を受けて、海岸線から二〇〇メートルほどの場所にある静岡市のひばり幼稚園でも急遽、対応策が検討された。富士を望む風光明媚な場所にあるひばり幼稚園は、普段は駿河湾の潮風がとても心地いいところだ。けれども、震災後は南海トラフ地震の発生を懸念した人々によって、園児の数も減少していた。

東日本大震災が起きた年の春休み、先生たちはこどもが安心して避難できる高い場所がないかと探し回った。白羽の矢が立ったのが、最寄り駅の反対側にある城山という二八メートルの高台だった。四月、五月は実際にここまでこどもたちと共に避難する訓練もおこなっていた。けれども、津波が到達する想定時間までに逃げるのは、こどもたちの足ではとても難しいことがわかった。さらに、整地されていない現地は足場も悪く、大きな地震で崩れてしまう恐れもあった。

五月に、最寄りの用宗駅前の八階建ての市営アパートに避難場所を変更。屋上のないこのアパートの最上階のスペースを貸してもらえないか、と交渉してみた。行政サイドからは住民の賛成があれば可能です、とのこと。現地に出向いた先生たちは住民に尋ねてみると、全員が、こどもたちのためになるのならと賛成してくれた。

そのため、月に二回、こどもたちが走って逃げる訓練を開始した。

ところが、この場所も地震発生から津波到達時間までの想定を考えると確実な避難場所とは言えなかった。実際の災害時には住民も同じように最上階まで逃げ込むことになる。それも考えると、百名以上の幼いこどもたちが八階までのぼる大混乱も懸念材料だった。

理事長や園長は、何とかならないかと市長や市議会議員に会って、状況改善を訴え続けた。こどもたちの命を守るためなら、市役所まで何度も足を運ぶことも厭《いと》わなかった。隣の焼津市や同じ県内の政令指定都市・浜松市などは、続々と避難塔を建てることが決まっていく中、静岡市は対応がとても鈍かった。

けれども、こんなところで立ち止まっていては、こどもたちすべての命を守ることはできない。このままにしていくわけにはいかなかった。経営に余裕があるわけではない。それでも、理事長は「安心こそが何よりも大事なもの」と一大決心をした。

それが、自前で避難塔をつくることだった。経営陣は早速、避難塔づくりに向けた準備を始めた。避難塔建築、といっても、どこにでも自由に建てられるわけではないことがわかった。地場が固くないと駄目なのだそうだ。結局、二カ月近くかけてボーリング調査をしてもらうことになり、一〇メートル、二〇メートルと掘って、判断を仰いだ。

結果は合格。けれども、海風による塩害防止のために、鉄鋼に専門の塗料を塗る必要があることも分かった。

鉄骨三層製で高さは一三・二メートル。これで、海抜二〇メートルとなる。面積は約五三平方メートルで、二〇〇名の収容が可能だ。現在の園児一二八名、職員一五名の他、必要な際には、地域住民も受け入れることが可能となった。避難場所なる最上部のステージには、鉄棒と同じ直径の手すりが付けられた。

苦労に苦労を重ねて、渾身の避難塔が完成したのが二〇一二年一一月二七日。建設を決めてから、一年数ヶ月もの歳月がかかっての完成だった。地元の自治体によれば、民間の企業や施設で自前の避難塔を建設したのは、このひばり幼稚園が初めてだったそうだ。全業種で最も早いスピードで、避難塔を建築したひばり幼稚園。かかった費用は二〇〇〇万円にも及んだ。

昭和二八年に創立されたひばり幼稚園。船の企業を営んでいた人が創立したものを、数年後、小学校の校長をしていた人が受け継いだ。それが現在の学園長の水元正宏さんの父親だ。以後、地域のためにと、熱心に幼児教育一筋に打ち込んできたひばり幼稚園。「健康で明るく丈夫な子」を育んでいくために、農園でこどもたちと共に野菜づくりにも取り組んでいる。

現在の理事長は学園長の娘・樺澤智生さんだ。この学園長・理事長親子から信頼され、こどもたちの教育を現場で託されているのが園長の加藤よしえさんだった。

こどもたちは今、年少から年中、年長まで、雨の日以外、毎日一回はこの避難塔にのぼっている。特別な時にだけのぼろうとしても、こどもたちが怖がってしまっては意味がない。いざというときに怖がらずにのぼれるこどもたちにするために、毎日のぼることを習慣づけている。それが、結果としてこどもたちの足腰の鍛錬にも役立っているという。

毎日行われる避難訓練

http://www.hibariyouchien.net

地元の公立保育園にこどもを通わせていたある保護者は、「親たちがどんなに頼んでも避難塔建築ができなかった行政や公立保育園には限界を感じた。大きな負担を背負ってでも、本気でこどもたちの命を守り抜こうとしているこの幼稚園の思いに心を打たれ、こどもを幼稚園に通わせることにした。避難塔があれば百パーセント安心だというわけではないことも分かっている。それでも、実際にここまでのことができる経営者と先生がたを信頼している。先生のこどもたちへのまなざしもあたたかく、今はこの幼稚園に転入してよかったと思っている」と語っていた。

この幼稚園では、一二八名のうち、五十名弱がバス通学だ。バスの中にはライフジャケットも用意され、もしもの時の対応を怠らない。職員室には災害専用電話と防災無線も完備されている。すべては、万が一の時にこどもたちをより確実に守ることができるために、マニュアルも適宜、改良を重ねている。

幼稚園の開園時間以外は、避難塔を地元の人々に開放することも地域の人々に伝えている。園内で用意してある常備食は三日分。水も三日分。

そして、万が一の災害の時には、勇気をもって「親に自宅にいてください」と言える体制を整えている。子どもを迎えに来た前後での悲劇を起こさないために、いざというときは全力で、園でこどもたちを護りつくそうと覚悟をしている。すべては大事な命を守り抜くために。建設された避難塔もすばらしい。そして、それ以上に、こどもたちを本気で守り通そうとする先生がたの想いが尊いひばり幼稚園だった。

ここに建てられた避難塔は、単なる塔でなく、先生がたがこどもを想う愛情の結晶のように思えた。園庭では今日も、元気な子どもたちの笑い声が海風に響き渡っている。

＊認定こども園　こどものもり

近くにキャンベルタウン（野鳥の森）もある自然豊かな場所で、開園している認定こども園「こどものもり」。春に見られる桜のトンネルをはじめ、季節ごとの草花が彩る園庭では、様々な果樹が植えられ、こどもたちの手によって野菜も育てられている。園内につくられたビオトープでは、七月ごろに蛍の飛ぶ姿も見受けられる。

昭和四六年四月に無認可の施設「まつぶし保育園」として開園した「こどものもり」。

今、「全国認定こども園協会」代表理事もしている園長の若盛正城さんはこの地域の住職だ。大学時代から、将来はこども関係の仕事に就けたらと思い、全国の保育園や幼稚園でボランティア活動をしていた。その際、幼稚園の特性や保育園の特性を、それぞれ目の当たりにした。「こどもたちのため」という共通部分はあっても、幼稚園の先生が「教諭」であって、保育所（園）の先生が「保育士」であることは一般的には知られていない。幼稚園が文部科学省と教育委員会の管轄、保育所（園）は厚生労働省と県の福祉部や少子対策課、みらい課などが管理をしていることが社会ではまだまだ認知されていなかった。

開園した当初は、第二次ベビーブームの真最中で幼稚園が全盛の時代だった。幼稚園は並んで待たないと入園できなかった。こどもが三、四歳になったら幼稚園に入学するということが親のステータスになっていた。絵画教室、音楽教室、体育教室など、親のニーズに答えた集団教育をしていくのが幼稚園だと考えられていた。先生の話を良く聞いて、先生の言う通りにできることが幼稚園では良いこどもだとされていた。

かたや、保育所（園）はゆっくり、のんびりと過ごす場所だった。遊ぶこと、食べること、お昼寝をすること、そういうことがゆっくりできる、というのが保育所（園）の良さだった。保育所（園）に預けてまで仕事をするのは気の毒な家庭という風潮さえあった時代。幼稚園は教育だから、いろんなことを教えてくれる施設。保育所（園）はゆっくり生活すればよいという考えかたが広がった。これが日本の二極化した悪しき習慣だったと若盛さんは回想している。

若盛さんは、「教え込んで同じことをさせるよりも、長い時間をかけてゆっくり丁寧に身に付けていく内容が本来のもの」だと考え、こどもと保護者にゆっくりとした時間を保証するため、保育所（園）にしようとした。しかし、保育所（園）では、親が働いている家庭のこどもしか入ることができない。そのため、親が働いているか否かに関わらず、預けたい家庭のこどもは誰でも預かることが可能な、無認可の保育所（園）にしたのだった。

当初、公的なバックアップは全くなかった。私財を投じて土地を用意し、施設を創って、園をスタートさせた。開園してからも公的な補助は一切受けられず、経営面で昭和五〇年ころ、保育園継続のために幼稚園にするか、認可保育所にするかの選択を迫られた。認可保育所であれば、社会福祉法人を取得して、行政からの支援が受けられることになる。けれども、やはり保育所では働いていないママのこどもたちは受け入れられず、保育所の選択も行政側で振り分け、保護者の希望に添えない制約があった。若盛園長は、「制度によってこどもを振り分けるのではなく、誰でもが望通りの場所に通える施設」を目指していた。それならば、と保護者と直接契約の出来る学校法人としての幼稚園を選択したのだった。

制度の上では幼稚園を選択したものの、「長時間」「異年齢保育」「完全給食」「午睡の時間」、さらにはこどもたち一人一人の興味や意欲を生かした「コーナーシステム」を実践していこうと決意していた。コーナーシステムとは施設内に「絵画」「造形」「創造」などのテーマに即したコーナーを設け、こどもの自発性を育む方式だ。ヨーロッパが発祥で、日本でも現在注目されている。

当時としてはかなり先鋭的な方針だった。幼稚園の場合は四時間の通常保育のほかに「延長保育」があって、保護者はそれぞれ保育料を支払うシステムとなっている。それでも、ここは延長料金を受け取らず、通常の保育料のみを貫いていた。経営的には苦しくても、七時間でこどもを育てていくことが本来は大事だという基本理念を持っていたので、園として貫き通したのだった。

結果として、「幼児期には長時間の保育が必要。こどもは上から目線で教えられたことをやれば良いのではなく、自主的に主体的に物事に取り組んでいく必要がある」という園長の意見に賛同した保護者が集まってくれた。こどもたちは未発達なものだ。その上で、自ら考えていくという経験をしっかりさせなくては、社会に必要とされる人間は育たないとスタッフは考えていた。幼稚園でありながら保育所に寄った、「こども主体」の指導を実践していた。

そんなこだわりが地域や自治体からも認知され、平成に入って、行政の依頼で社会福祉法人を設立することになった。待機児童の問題が出てきたのがきっかけだった。当初は空き教室を使用した施設の共有化によって、待機児童を解消しようとしていた。これによって、同じ施設内に短時間保育のこどもと長時間保育のこどもを預かっても良いという制度が生まれた。規制の緩和だ。ちょうどこの時期、施設の老朽化により、建替えを検討していたタイミングだったので、行政の依頼を受け、保育園をつくることにしたのだった。これまでの実績で福祉法人設立に対する議会の承認も得られ、建替えと同時に保育園も開園することになった。

新たな施設は、木造にこだわって建てた。こどもへの影響を考えるとぬくもりや安全、さらには健康の点でも木材が優ると思っていた。何といっても、自然ならではの風合いが魅力だった。現在、木造だとインフルエンザなどの感染率が非常に低いといわれる。感染率の低い学校を調べると木造校舎だったという調査結果がある。木材には調湿作用などがあって、湿度によってインフルエンザを死滅させてしまうという研究結果が報告されている。鉄筋コンクリートの校舎と比べるとインフルエンザによる学級閉鎖の数は三分の一だというデータもあった。木は家庭的でぬくもりがあり、季節や時間によって色々な変化を見せてくれるすばらしい素材だ。無垢の素材を使った園舎のほうがコスト的には高くついたのでは、と言われるけれど、そこは設計事務所がこどもたちのために、と情熱を燃やしてくれた。無垢を使ったのは接着剤や塗料によるこどもの健康への影響を考えたからだった。シックハウス症候群にならないよう配慮し、塗料などはドイツから取り寄せた。

そんな中、いよいよ平成二七年四月から、全国で「認定こども園」の制度がはじまっていく。幼稚園の保育園化、保育園の幼稚園化が、「子ども・子育て支援新制度」のもと、内閣府の管轄下でスタートしていく。

昭和四六年の創立時からこうした「こども園」の必要性を認識してきた園長にとっては、〝誰もが保護者の就労の有無に関わらず直接契約でき、長時間保育やこどもたちの自主性を重んじたシステム〟が、国の制度として出来上がったのが遅いくらいだと感じている。若盛氏いわく、こども園は保護者にとって利便性に長《た》けているものだという。保護者がこども園に通わせたいと思えば、基本的に入園できることになっている。こども園には応諾義務というものがあり、正当な理由がない限り入園希望に応じる必要があるのだ。こども園は公定価格という国からの交付金を得て運営することが決まっている。

本来国は社会に必要とされる次世代をキチンと教育し育てなくてはならないと園長は考えている。そのために行政が対価を支払って育てることが必要だったにもかかわらず、幼稚園はこれまで対価を受け取ることが出来なかった。

一方、働いている家庭のためには厚生労働省が管轄となった福祉としてしかやってこなかった。今回、年齢にも家庭環境に関わらず、国がこどもたちを育てていこうという制度が実施されることは素直に嬉しいことなのだそうだ。幼児教育の役割は、「こどもたちが社会に出るための手伝い」だ。どんなに制度が変わろうと、この部分は変わることがない。

その対価を国が財政として補償する、というのは本来の姿ではないかと園長は考えている。

こども園の将来像を模索した時、こども主体の保育、ということに尽きるのではないかと若盛氏はいう。先生が指示や命令をするのではなく、こどもたちの興味や意欲を育てて、経験を積み重ねさせる。例えばおすしが食べたかったら、自分で種を播き、稲を育て、魚を捕り、調理をして食べる。先生がお膳立てをするのではなく、おすしを食べるためにはどうしたら食べることができるのかを子ども自身に考えてもらう。こどもの興味や意欲を実現できる体制作りが出来たらいいなと「こどものもり」では考えている。

「こどものもり」ではランチルームがブッフェスタイルだ。

「森のレストラン」と呼ばれている。

こどもたちが食べたいときに自ら量を決め、食事をするスタイル。時間割りもあるため、保育士のほうで食事の時間をこどもに意識付けることはしても、基本的にはこどもが食べたくなることを待つ。園舎の部屋割りもお絵かきのための部屋、造形あそびの部屋、こども用クッキング、ごっこ遊びの部屋など、すべてをこどもの自主性に任せている。異年齢保育のため、年長のこどものやり方を年少のこどもが真似をする。保育士は意識付けと活

園内で穫れた木の実

http://www.kodomonomori.ed.jp

ブッフェスタイルの「森のレストラン」

動の準備、安全の確認をすることがメインの仕事となる。すべては、こどもがやりたくなるのを待つ姿勢。こどもたちが興味を持つように準備をし、仕掛けを作ったあとはニコニコと笑って待つ。こどもたちが達成感を味わうことが何よりも大切なのだと考えている。日本では一部、有名私立幼稚園に通わせることが一種のステータスになってしまっていた。こども園が出来ることによって、幼保の比較が払拭され、家庭環境や能力の優劣などを比較したり、重視したりしなくなってほしいと園長は語っている。

今後、こども園の実施に際して、「こどものもり」では出発点を保育園からの移行にしようと考えている。幼児期において重要なのは、学力ではなく〝生活力〟だからだ。これを保護者にもしっかり理解してもらうために保育園からの移行型を選択する。これまでも、保育者にはこどもの自主性を重んじる意味で「必要以上のことはしない」「こどものやりたいことを待つ」ということを言ってきた。成否を問わず、毎日の経験こそが生活力を高める手段だと考えているからだ。

保護者には「間」について話している。「待つ時間の間」。「転ばぬ先の杖」は子育てには実は余計なことだ。こどもが興味もないのに「英会話」「音楽教室」などに通わせるのは「させるための子育て」でしかない。けれども、「外国人の話す言葉」に興味がわくよう海外の本をそっと置いてみたり、大人が楽器を弾いて一緒に歌い楽しむことで「ピアノが習いたい」と準備することが、大人の本当の役目なのではないか。やらせるのではなく、やりたくなるように仕向けることが大人の知恵なのだ。

「こどものもり」では、「一人一人を大切にした誕生会」を実践している。

開園当初は、年齢別に一斉のお誕生会をしていた。誕生月ごとに年齢単位で行うことは、「みんなと一緒」という考えになってしまう。「一人一人を丁寧にお祝いすることが集団の基礎になる」と考えたのは、園長が大学時代に北欧の幼児教育を視察したことに起因している。ヨーロッパでは集団の前に個が存在し、個の集まりが集団だ。こどもの自主性を育むには、「一人一人が違う個性」であることを理解しないと上手くはいかない。家庭でこどもたち一人一人にそれぞれのお誕生会があるように、幼稚園でも一人一人のお誕生会をしようと、個々人の誕生日ごとに実施してきた。誕生会には保護者に参加してもらい、生まれたときの感動や一人一人の足跡を、写真などと共に語ってもらう。感極まって泣いてしまう母親も多く、こどもたちも保護者に対しての感謝の気持ちを素直に伝えている。誕生日の子は朝からスカーフを巻いてもらい、誰もがお祝いできるようにしている。休みの日に当たってしまった場合は、保護者と調整をして前後の日におこなうことにしている。

住職が園長だから花祭りしかやらないかというとそんなことはなく、園ではクリスマス会もハロウィンもおこなう。家族が参加できるお月見会もある。七五三も祝う。未来を担うこどもたちの、社会性のためにできることを実践していきたい。もし子育て世代の保護者にメッセージがあるとすれば、それは、「お膳立てのやり過ぎをしない」ということ。ゆっくりとした時間をこどもに与え、少しの上達を一緒になって喜ぶことで、育児はとても楽になるという。まずは「待つ」ことを楽しめるように、ゆっくりと向き合ってもらえたらと願っている。

地域の中で子育てがしやすくなる街づくりとはどんなものなのか。その理想を考えた時、認定こども園の意義は大きい。こどもたちがどんな時間を過ごすことが将来の役に立つのか——自然豊かな環境で、土や風や水やお日様がそれを今日も教えてくれている。

＊ミルキーウェイグループ

平成一〇年二月、ミルキーウェイ武蔵浦和園は誕生した。浦和市の委託保育室として、最初の定員は一三名からのスタートだった。それがわずか一六年後の平成二六年四月現在、埼玉や東京に二一の施設が生まれ、グループ全体の定員数は約一四〇〇名にまで増えている。子育て支援制度ができる平成二七年度以降も、施設が増え続けていく予定だ。

少子化が叫ばれる中、ここまで広がり続けているミルキーウェイグループは、いったいどんな理念でどんな保育をおこなっているのだろうか。地域の人々から支持を受けている理由はいったいどんなところにあるのか。その秘密と創始者の思いを紹介してみたい。

「私には三人のこどもがいます」と語るのは、ミルキーウェイグループ代表の細野恵子さんだ。事業を営んでいる御主人の手伝いをしていたこともある細野さんは、かつて自分でも何か仕事ができたら、という思いを持っていた。その当時は、まさか自分が保育園経営に進むなどとは夢にも思っていなかった。

けれども、出産後本格的に仕事をしようと思った際、こどもの預け先にとても苦労した。働きたいけれど、こどもを託せる場所がない――これが母親を取り巻く実態なのだということを痛感した。ちまたには、「待機児童」という言葉が社会問題として語られはじめていた時代、細野さん自ら、こどもを預けられない苦悩を体験したのだった。周囲には同じ問題を抱えて、悩んでいる人たちがいた。

こうした母親と話しながら、ふと、ひらめいたのだった。誰かに任せるのではなく、自分がこどもを預かる場所をつくろう、と。幸い、夫もこどもが好きだったこともあって、全面的に賛成してくれた。

「みんなが笑顔で過ごせるような、安心して託してもらえる保育園をつくろう」――これが、細野さん夫妻の原点だった。

周囲を見渡すと、認可や無認可を問わず、当時はまだまだ保育施設が足りない状態だった。また園を開いた地域は東京への人気通勤圏として、人口がどんどん増えていた。

開室早々、「預けたい」と相談に来る人が後を絶たず、あっという間に満員になってしまった。それでも、保育希望者は続々と訪れた。細野さん自身、何度も「満員でごめんなさい」と言われ続けたため、断られることで生じる苦悩を重々承知していた。

「ここが満員なら、規模を大きくして、一人でも多くのママたちの希望をかなえたい」すぐに行動を開始し、マンションの隣の部屋を借りることにした。ところが、ここもまたいっぱいになり、保育士を増やして近所に新たな場所も借りることにした。気がつけば、一三名だった定員が三〇名となって、ミルキーウェイ武蔵浦和園は出発したのだった。

働きたいママがいるかぎり、できるかぎりのサポートをしたい――子育て真っ只中の細野さんだったからこそ、いつもママのためになることを考え続けた。

自分のこどももこの施設で育てながらだったため、おもちゃ選びに関しても、自分がこどもたちに与えたいものかどうかということを常に自問した。食事等の面も考慮し、自分だったらどんな施設にこどもを預けたいかを考えながら、土台づくりをしていった。

こうした体験を重ねながら、自立したこどもを育てるために、「見守る」ことの重要性を痛感していく。大人が手を出し過ぎて何でもやってしまうのは、長い目で見た時に決してこどものためにはならない。手を出したくても、ぐっとこらえて見守ることで、こどもたちが自ら考え、自ら選択できるようになっていくことを、実践の中でつかんだ。

「見守る」ことと「放任」することは違うのだ。

愛情をもって見守りながら、必要最小限のサポートに徹することで、こども自身の考える力を養おうと努めたのだった。

時にはケンカも必要。

ケンカによって得られることもある。

実社会でケンカのない世界なんて皆無なのではないか。

危険だから何でもストップをかけるのではなく、どうしたら危険を回避できるのかを体験的に理解するこどもになってほしいと願っている。暴力をふるうこどもが強いのではなく、転んだあとの起き上がり方を知っているこどもこそが、社会の中では本当に強いのだ。そんな適応力のあるこどもたちを養うために、スタッフは何をすべきか、日々研鑽する毎日を現在でも過ごしている。

また、園では皆で楽しく食べることを心がけている。こどもたちが食事の時間を、「またあの楽しい時間がやってくる」と毎日楽しみにワクワクできるようなものにしたい。旬を取り入れた、季節感のある食事はもちろん、こどもたちが芋掘りに出かけたあとはその

保育中の会話は英語で行われる

http://www.milkywaygroup.org

食材を活用してカレーライスをつくるなど、食育にも心がけているのだった。〝食事中の笑顔〟も、大事な料理のスパイスであることをスタッフは実感している。

さらに、こどもたちに、ものを大切にする気持ちも養っていきたいと細野さんは語っている。「また買えばいい」ではなく、どんな小さなものでも、自分で管理しながら大事にできることが重要だ。ちまたに物があふれている時代だからこそ、逆に一つ一つのものを大切にする習慣を身につけさせていきたいと願うようになった。幼少期のこの時期に得たものを大事にする心は、きっと生涯にわたって、人生に役立っていくはずだ。ポンと投げつけながら片づけるのではなく、丁寧に手で運んで大事にするこころ。ものを大事にする心は、周囲を尊重する心にも通じていく。

優しくて思いやりのあるこどもに育つこと、そのたいせつさをスタッフは体感している。「保護者が安心してこどもを預けることができる保育園」「こどもが喜んで登園する保育園」「保育者が楽しんで保育にあたれる保育園」をモットーにしている。親の思いも受けとめ、体操や英語、音楽、絵本などもこどもたちに積極的に提供するようにしている。

「インターナショナルキンダーガーデン」という英語保育園も設立し、地域に役立つ保育を提供しようと、チャレンジ中だ。外国人の保育スタッフは持ち前の笑顔を咲かせながら、こどもたちと向き合い続けている。日本人保育士とペアになっての保育。国際社会の到来によって、保育の現場が変わってきているのであれば、臨機応変に、今後も求められるものに応えていきたいと、ママ代表の細野さんは考えている。

ミルキーウェイグループでは、春の遠足、七夕、さつま芋掘り、ハロウィン、節分、ひなまつりなど、それぞれの園で四季折々の行事にも力を入れている。保育の現場で重要なのは「人」だという認識から、グループ内での研修や講習会もおこない、一人一人の保育士がよりプロフェッショナルとして機能していくことに意識を向けている。男性保育士も多く、こどもたちと元気に奮闘してくれている。男性ならではのダイナミックな保育を心がけたいと語る保育士。「先生」というこどもたちの声と笑顔に、日々の疲れが吹っ飛び、こどもたち以上に自分が楽しみに保育をしていると語る別の男性保育士。

保育にゴールはない。

チーム力アップ研修や、防犯講習まで、必要と思われるものは、何度も研鑽を重ね、労力をかけていくことを惜しまない。こうした中で得られる、地道で着実な信頼感がこどもたちや保護者に伝わっていくことを識《し》っている。

ママの目線から始まった保育室づくりが、地域の共感を得て、今、着実に信頼を得ている。信頼が信頼を呼び、期待に応えようと力を注いでいる。

「大変だなと感じるとき、下を向かないで上を向きましょう。大変なことの中に幸せを見つけてください。どんなに小さな成長であったとしても、上を向いていれば必ず成長することができます」。「大切なのは、一人一人の個性を認めて、それを伸ばしてあげること。こどもに対して、柔軟な対応ができること。個人を尊重し、無理をさせないこと」――細野さんが語る言葉はすべて体験から得られているものだからこそ、リアリティと体温がある。保護者向けのリーフレットも保育士向けのリーフレットも全て同じものを活用しているこのグループだからこそ、保護者は経営者が保育士に求めているものもわかり、より安心感が得られている。

「こどもとともに成長していきましょう」――細野さんはスタッフにも保護者にも、自分自身にも常にそう語りかけている。

＊川口ふたば幼稚園

一九六九年に創立者・新藤勝衛が自家の土地四四〇〇平方メートルを寄贈し、設立した「川口ふたば幼稚園」は、こどもの様々な体験を重視した教育をおこなっている。単なる知識のつめこみではない、いくつもの「体験型」行事。芋掘り遠足や浴衣を着た夕涼み会。地域のホールを借りた音楽発表会。全クラスが参加する生活発表会は、毎年、ミュージカル仕立てでおこなわれている。園内の絵画はこども向きのキャラクターではなく、本物のクリエイターによって描かれた大人向けの作品ばかりだ。レプリカはいっさいなく、すべて一点ものの絵を活用している。

自らの五感で感じ得たものの尊さ。実体験から学ぶものだからこその強さと豊かさ〝生涯を通じて糧になる〟ものを提供しようとする姿勢が、ふたば幼稚園には貫かれている。そんなふたば幼稚園の中でも、園の創設以来、四〇年以上にわたって大事に培われてきているものがマーチング の取り組みだ。二〇一三年には、東京ドームでおこなわれた日本消防協会主催の「自治体消防記念大会」で披露する機会を得て、三万人以上の観客から喝采を浴びている。

園でマーチングの取り組みがおこなわれたのは創立間もないころだった。音感教育はもちろん、マーチングによって協調性や忍耐力、物事に挑む力なども養われる。現在、勤務一〇年目を迎えた先生がたは、最初にこの取り組みと出会って、驚嘆したという。マーチングでやる曲が、一般的な子ども向けの鼓笛隊の曲ではなく、大人の曲だったからだ。サザンオールスターズなど八十年代の曲が採択される年もあれば、洋楽が選ばれる年もある。

こどもたちは、年中時の運動会が終わると、一年がかりでマーチングを学んでいく。発表の舞台となるのは、年長時の運動会だ。ふたば幼稚園は一学年が約二〇〇名。この二百名が指揮者、太鼓、旗（カラーガード）、ポンポン（女子のチアリーディングのようなもの）、グロッケン（肩からの鉄琴）、メロディオンの六つのパートに分かれて練習をする。

練習は週に三回。今年一一年目のある教諭は、はじめてマーチングの練習を見た時、全身に鳥肌が立ったそうだ。別の教員は、どうやってまとめ上げてきたのかと、そのめざそうとしているレベルの高さに驚いた。保護者の一人は、自分の子ではない、人のこどもた

こどもたちの一所懸命さに心奪われ

http://www.k-futaba.com

ちがこんなにも一生懸命にやっている姿に、思わず涙が止まらなくなってしまったという。

そもそも、こどもたちにマーチングを教えるためには全日本幼児教育連盟の研修を受け、ライセンスを取る必要がある。先生がたは皆、毎年春に実施される研修に参加。全員が認定書をもらったうえで、こどもたちの指導にあたっている。

練習は決して手を抜かない。普段はとても穏やかそうな男性教諭も、こどもたちが鬼だと思うほどに熱血指導官に変わることもある。中には、ついていけなくて泣き出してしまうこどももいる。そんなときは、いったん叱っても、練習後、その倍以上、ほめてあげるようにしている。プロの幼児教育者として、叱ったまま家に返してしまうことがないように、練習後普段以上に一緒に遊ぶことを心がけている。

保護者からのクレームも、毎年ゼロではない。それでも先生たちは、「ぜひ運動会後を見ていてください」と語ることにしている。日々の実践にしっかり取り組んだからこそ得られる達成感があることを先生たちは知っている。練習は常にオープンな環境でおこなわれている。本音を言えば、先生たちも放り出したくなる瞬間がないわけではない。けれども、こどもたちのためを思えばこそ、妥協しない優しさを教諭陣は実践している。

ある段階からこどもたちも自発的にいいものを創り出そうと表情が変わっていく。練習を嫌だと泣いていたこどもたちが、できるようになっていく面白さを体得していく。

そして、運動会の本番。マーチングの際には、保護者席から大人のすすり泣きが聞こえるという。母親のみならず、父親もビデオを回しながら泣いている。こどもたちがここまでのレベルに到達するのか。その真剣さ。ひたむきなまなざし。先生たちがどんな思いでここまでまとめ上げてくれたのかを知り、ここでの日々がどれほど尊いものだったのかを保護者たちは理解していく。

なぜ四〇年以上も、マーチングが変わらずに受け継がれているのか。保護者の中にはこのマーチングを体験させたくて、自分が卒園したここにこどもを通わせることもあるという。幼いころ、こうした体験をした卒園生の中にはプロのミュージシャンになったり、表現者になった人もいる。幼少期の体験はかけがえのないものを生涯にもたらしてくれる。

「長い期間、諦めずに頑張ることで培われていくものがある」と先生たちは語っている。真剣に取り組むからこそ得られた歓びはこどもたちをより大きくし、自信と至福感を与えてくれる。私たちは負けずにこれをやり遂げた、と語ることのできるものを得て、卒業していく幸せ。マーチングが教えてくれるものは、単に音楽などの技術だけではなく、もっともっと大きな何かなのだ。「実体験の機会」を与えることが、こどもたちへの何よりもの贈り物になる、と園の先生たちは今日も地道な日々の指導に勤しんでいる。

http://www.k-futaba.com

コラム　前園長・たか子先生のこと

「たこちゃん、元気ですか。お父さんは、お家に帰って、ママとたこちゃんを連れて町を歩いている夢などを時々見ますが、それはなかなか出来ないことです。」

これは、第二次世界大戦の最中、硫黄島最高司令官・栗林忠道陸軍大将から娘に宛てた手紙の一文です。この中の『たこちゃん』が、川口ふたば幼稚園前園長であり私の祖母、新藤たか子です。手紙についての記事が新聞に掲載され反響を呼び、書籍になり、やがて渡辺謙さんが主演された映画、『硫黄島からの手紙』に繋がります。

私から見た祖母は、いつも背すじがピンとしていて、凛とした雰囲気のかっこいいご婦人、という印象でした。いつも優しく微笑んでいて、でも仕事の話になると眉がキリリと上がるような、そんな女性でした。祖母にはひとつ、にわかには信じがたい特技がありました。今でも信じられないのですが、祖母は卒園した七〇〇〇人のこどもたちの顔と名前を憶えていて、それが時を経ても見分けることが出来たのです。

地元川口市の中で大勢が賑わう場所を歩けば、かなりの確率で声を掛けられる祖母。その中にはもちろん卒園児も含まれていて、年齢は三歳から四〇代までとさまざまです。「あら、〇〇ちゃんお久しぶりね。もう〇歳くらいかしら、大きくなったわねぇ。」顔を見たとたんにすらすらと出てくる言葉。毎回、声を掛けた方が驚いていました。記憶力がいいというレベルの話ではないのですが、本人いわく、いくつになっても顔は変わらない、とのこと。同じ職種の人間として目指すべき目標ではありますが、この域に到達できるかどうかはとても自信がありません。

祖母の晩年は、まさしく幼稚園と寄り添った人生でした。早稲田大学在学中に大映の新人女優となり、そのころ映画監督であった祖父（理事長）と出会い、結婚します。地域の方々の要望により園を設立し、日本女子大学に入り直して園長の免許を取得、その後はさまざまなアイデアで園を形作っていきます。当時では珍しいマーチングを園のカリキュラムとして導入し、全長四〇メートルにもなる大型遊具の設置から、三六五日入れるスイミングクラブの設置まで…これらは今でも園の特色として、たくさんのこどもや保護者に喜ばれています。

天国に旅立った六月三日、その約二ヶ月前には幼稚園の入園式に参加しました。園長として、可能な限りこどもたちとふれあいたい、そう言っていた祖母は、亡くなる一〇日前の五月二四日には保護者に向けて、別れのメッセージを撮影しています。

「わたしはもうすぐ死んでしまいますが、これは仕方のないことです。残された幼稚園は、副園長や教頭、そして先生たちが、しっかりと守ってくれます。保護者の皆様、こどもたち、さようなら。」亡くなるまでの三五年間、七〇〇〇人もの卒園児を送り出した祖母は、最期のその瞬間まで現役の園長で在り続けました。

最後の最後に病室のベッドで祖母が言った言葉は、まるで未来を見通していたようでした。「孝彰ちゃん、義孝のことはもうお父さんと思ってはいけないわよ。あれは国に差し上げたんだから。」その言葉の本当の意味が分かったのは、父が総務大臣になった後のことです。

軍人の娘として、妻として、母として、そしてたくさんのこどもたちの園長として。

川口ふたば幼稚園は、祖母たか子の想いの結晶です。時代の流れとともにカリキュラムは変わっていきますが、その真ん中の芯の部分では今もたか子園長が生き続けています。

第６章　『イライラママからの脱却』

育てているつもりがいつしか育てられ
夕焼けの空を共に見ており

Q、イライラに効く特効薬とは？

イライラママの特効薬！　まさにこの本の根幹を成すテーマです。

これまでたくさんの質問にお答えしてきましたが、最終的にはすべてこの悩みに集約されるのではないでしょうか。子育て中のママからすれば、この世のすべてと言ってもいい悩みかと思います。

子育て中のイライラは、大きく分けると三つの種類があるかと思います。

①『子育てに集中できない』ことに対するイライラ

日々の家事や雑務、ご主人やご家族の世話、または自身が抱える仕事。子育てに集中したいのにできない、または早く作業を片付けてしまいたいのに、どうしてもこどもに手がかかってしまい…。物理的、時間的なイライラの種のことです。

②『こどもが思い通りに動いてくれない』ことに対するイライラ

どうして出かける直前でおトイレに行きたくなるの、せっかく拭いたのになんでまたすぐにこぼすの、どうして、どうして泣きやんでくれないの…時間に追われているときや周囲の目を気にしてしまうとき、そんな追い詰められたママの頭の中は、まるで鉛筆で乱暴に書きなぐられた画用紙のような、大混乱の精神状態になっていると思います。

③『イライラしている自分が許せない』ことに対するイライラ

イライラを我慢出来ず、周りやこどもにぶつけてしまう自分。そしてなによりも、大好きな我が子を私自身が泣かせてしまっている。悔しい、情けない、ダメな私、自己嫌悪…この負の連鎖に飲み込まれたママは、世界で一番孤独な存在になってしまいます。

こんなつらい、苦しい気持ちを解消してくれる特効薬は、果たして存在するのでしょうか。考えに考えて辿り着いた私なりの答えは、とてもシンプルなものでした。

『こどもの笑顔だけがママの悩みを吹き飛ばしてくれる』。結局のところ、これさえあれば、あとはどうにかなってしまいます。そしてその特効薬作りの最大のポイントが、『ママの笑顔なしではこどもの笑顔はあり得ない』ということです。

こどもの笑顔はママの笑顔からしか生まれません。でも、ママの笑顔はこどもの笑顔だけではなく、他のさまざまなことからも作り出すことが出来ます。ニコニコママの材料を探しに行きましょう！

ここから先は、本書で語ってきたテーマの総集編です。

イライラ解消ワザその1…他人に甘えまくれ！

子育てはママひとりで背負うものではありません。実母や家族（たまにパパ）にはじまり、友人やママ友、ご近所さんまで、たくさんの人が実は「あなたを助けてあげたい」とひそかに思っています。（みんな恥ずかしがり屋なのです）もしかしたらイヤがられるかも…そんなときはあなたのお子さんが、地上最強の愛嬌を振りまいてくれますので、心配ありません。そしてママが我が子を通わせている（これから通わせようとしている）園は、ママにとっての最大の味方であると思ってください。こどももママもみんなまとめて、お預かりする場所が園というところです。どうぞ存分に頼ってください！

イライラ解消ワザその2…自分の時間にのめりこめ！

二四時間ママの顔でいることは、とても苦しいことです。あの責任感が強い、誇り高いパパだって、休みの日には動物園のパンダみたいにゴロゴロしています。「ママ業」ほど大変なことはないので、たまにはオフの時間も必要です。ママ友や自分のママと会って子育てあるある話に花を咲かせてみたり、嵐やEXILE、韓流や舞台、漫画やアニメ…自分がキュンキュン出来る場所で、我を忘れて趣味の世界に没頭しましょう。

専業主婦で孤独、「誰も褒めてくれない…」状態のママは、ためしに週に一度、パートをしてみるのもいいですね。「私、認められてる！」この感覚を思い出して、生きる活力を取り戻しましょう。ママとこどもは一心同体ですが、それぞれが別の人生の主役である、ということも忘れないでください。ママ自身が生きることを楽しむことが、こどもにとっての魅力的な人生のお手本となるわけですから。出来ればパパとも仲良しに。あのころのように過ごす時間は、この本を読んでくれたご主人なら演出してくれるはずです。

ママがひとりに戻るための時間のお手伝いは、ご自分のママやママ友、そして園にお願いしましょう。そこで一息つくことで、「あの子ったらさみしく過ごしてないかしら…」

なんて、思いやる余裕も自然に生まれてきます。こどもと離れた大人の時間は、ママにとっては大事なリフレッシュの時間です。

イライラ解消ワザその3…すべては私のこころから！

『天才バカボン』という作品を知っていますか？　主人公であるバカボンのパパの口ぐせの中に、こんなものがあります。「これでいいのだ」。これがいい、のではなく、これでいい。考え込んだベストの選択ではなく、すでに決めてしまった現実をありのままに受け入れる、究極にポジティブな言葉です。成功や失敗や努力や反省も、この七文字の前では問題ではありません。自分の命よりも大切なこどもを想うときに、失敗してはいけない、間違えてはいけないと背負い過ぎた結果、それしか見えなくなってイライラしてしまうのです。失敗してもいいし、間違えてもいい、それこそイライラしてもいいのです。それが人間であり、それが人生ですから。これでいいんだ、と全肯定しながら、こどもと一緒にゆったりと成長していきましょう。あなたの強い想いは、必ずこどもに伝わっています。

『失敗しない子育て』では、目先の成果しかあがりません。『失敗しても笑って挽回する子育て』が出来たなら、それはこどもにとって一生の財産となります。結果を出せる頼もしい大人になるために、今はたくさんの過程を経験させてあげてください。回り道したこどもは強いです。二〇年後にはきっと、大好きな人を笑わせてあげられる、心に余裕のある大人に成長していることでしょう。そのために、いま頑張っているママが自分自身に『それでいいんだよ』と言ってあげてください。

もうひとつ、おまけのエピソードを。私が大学四年生のころ、友人からあるものをプレゼントされました。幼稚園に就職することが決まっていた、二月のある日のことです。箱を開けてみると、中にはマグカップがひとつ入っていました。南米の国、ジャマイカの国旗が描かれています。友人は大真面目な表情で、「ジャマイカだよ。じゃあま、いいかぁ～の気持ちで頑張ってこいや。」なぜここでダジャレ？ と聞くと、彼はこう答えました。「お前は真面目で根暗、背負い過ぎるところが長所で短所だ。お前みたいな奴はいい加減なくらいでちょうどいい。思い詰めたときはこれでお茶でも飲んで、気持ちを切り替えな。」このマグカップは私の一生の宝物です。

イライラとユーモアは相容れないものです。笑いがすべてを解決できるわけではありませんが、少なくとも心の余裕を取り戻すきっかけにはなります。物事を別の角度から見たら、なんでもない話だったな、なんてことはよくある話です。違う視点からの切り口がユーモアの持ち味ですから。自分から笑おうと頑張るのではなく、これに触れたら笑うなぁというツボをいくつか持っていると、イライラを追い払いやすくなります。

他人の手を借り、違う視点でものを見て、風通しのいい環境を作り…そのうえでイライラが訪れたとしたら、もうそれは「これでいい」んです。イライラを抑えようと、無理をすればするほど追いつめられるだけです。いっそ、イライラは正常なことだと割り切ってしまいましょう！　世の中のどんな動物だって子育て中はピリピリしています。ここはもっと気楽に、「あぁ私、イライラしてるなぁ～」と頭の片隅で思い浮かべることが出来たなら、それだけで充分です。子育てにイライラしないママはひとりもいません。無理をしたり我慢したり思い詰めないで下さい。世界で一番つらくてひとりぼっちになってしまったような気持ちになったら、みんなに甘えながら乗り越えていきましょう。

こどもの笑顔はいつもママの笑顔とともにあります。ニコニコママの子育てに『失敗』の二文字はありません。

Q、主人から「仕事を辞めてこどもと向き合え」…

そもそも、「仕事をしているとこどもと向き合えない」、という前提から考えた方がよさそうですね。ご主人からの提案は、こどもを想ってこそ（ママを労わりたい気持ち）のものですが、解釈の仕方によっては、ママがカチンときてしまうかもしれません。こどもを大切に想う気持ちはパパもママもお互いさまなのですから、正しいニュアンスで伝えていきたいものです。こどもをすこやかに育てるという目的、経済的余裕を得るための手段としてのお仕事ですから、こどものためのより良い環境作りには必要です。二四時間そばにいることがこどもと向き合うことかと言うと、必ずしもそうではありません。

働くママは、いつも時間がありません。「こどもともっと一緒にいたい」「帰ったらたくさん抱きしめてやりたい」「こどもに申し訳ない気持ちで」とは言っても、いつまでも悩んではいられません。そろそろ仕事の時間です。時間的な余裕のなさが、こどもへの負い目を育てていきます。

では、こどもはどう思っているのでしょうか？

私の園では夜の一九時まで延長保育を行っていますが、レギュラーメンバーはみんな、精神的にたくましいこどもたちばかりです。身の回りの始末はテキパキとこなし、ちいさなおともだちの面倒を見てあげる余裕もある、頼りになるおにいさんおねえさんたちです。そんなこどもたちに聞いてみました。「ママがお仕事してるとさみしい？」返ってきた言葉は、「ママは俺のために頑張ってくれているから」でした。さみしくないとは言いませんでしたが、その目にはほんの少し、誇らしげな光が輝いていました。離れて過ごす時間の中で、こどもは着々と自立心を育て、働くママの背中を見ることで現実の厳しさを感じ取っているのでしょう。そばにいないことで得られるものもあります。

一方、専業ママはどう思っているのでしょうか？　家事に専念するママは、とにかくいつでもこどもと一緒。成長を間近で見られるというのは大きな喜びではありますが、この『いつでも一緒』がくせものです。なにせ家を任されているわけですから、当然のごとく炊事・洗濯・お掃除といった『お仕事』があります。朝から晩まで家事に追われ、気がつけば夕方、こどもとゆっくり過ごす時間なんてあったのかしら…。誰も褒めてくれないし、報われない。これでイライラするなと言われても不可能だと思いませんか。皿を投げたくてもどうせ片づけるのは私、もはや八方ふさがりです。

個人的には、専業主婦ほど大変な『職業』はないのではないか、と思っています。こどもにとってはいつも一緒に居られるのですから、こんなに嬉しいことはありません。でもせっかくの愛情も、ママの顔が曇っていたなら、伝わるものも伝わらなくなってしまいます。家庭で家事をこなすママほど、オフの時間が必要かもしれません。

そんなときは週に一度でいいですから、実家や園にこどもを預かってもらってお出かけし、気持ちをリフレッシュさせてみませんか。

また、こどもの自立心の目覚めや親離れのきっかけと言う意味でも、親子の時間が濃密過ぎてしまうのは逆効果です。ママとずっと一緒にいて身の回りのことは、なんとなくママにやってもらっていたら、気がつくと自分でなにもできない（またはやろうとしない）子になってしまった…幸せの裏返しでこれもまた悩みになってしまいます。特に、長男・初

孫・ひとりっこの三拍子揃った場合は要注意です。とんでもないわがままか、あまえんぼを通り越してママ依存になってしまっていませんか？　いずれ訪れるひとり立ちの機会に備えて、ママとこどもお互いが共依存になっていないか、見直してみましょう。

こどもの記憶に残るものは、時間の長さより密度です。一日に五分だけでもいい、誰にも邪魔されないふたりきりの時間の中で、「あなたをいつも想ってる。あなたはママの宝物よ」と抱きしめてあげてください。忙しいママだけど、少なくとも自分を愛してくれているんだ。そう思えるなら、その子が本当の意味での孤独を味わうことはないでしょう。

Q、子育てに疲れました…ニコニコママになるための対処法は？

ママとこどもは一心同体、ママとこどもの絆ほど強いものはこの世に存在しません。こどもはママの分身ですが、こどもの人生はこどものもの、ママの人生もまたママのものです。人は一度にひとつの人生しか背負うことが出来ません。ひとりの女性として自分が心から楽しめる時間を過ごすこと、それがニコニコママへのなによりの近道です。

ニコニコママになるために必要なことは、『リラックス』『ユーモア』そして、『他人に認められること』の三つだと思います。

まずは、自分自身の立て直しを図りましょう。別の項目でもお話ししましたが、たまにはママの役目から解放され、ひとりの女性に戻る時間も必要です。音楽や絵画、読書など、自分だけの時間に没頭しましょう。誰の役にも立てないけれど誰の迷惑にもならない時間、というのは、まじめで責任感の強いママにこそ、心を健康に保つために必要です。好きなアーティストはいますか?ジャニーズやアイドル、アニメやドラマ・漫画のキャラクターだって構いません。自分の中にある乙女を引き出すだけで世界は輝きを取り戻します。

次は、気の合う友人と美味しいものでも食べに行きましょう。学生時代のともだちは最高の相手です。どれだけ久し振りでも、ちょっとおしゃべりするだけですぐにそのころの自分にタイムスリップできます。信頼できるママ友でもいいですね。みんながみんな気持ちに余裕があるわけではありませんから、ひとりかふたりの厳選したママ友と心置きなく愚痴や相談、ご主人の陰口を言い合って、子育ての苦楽を共有しましょう。

もし会いに行ける距離なら、自分のママに話を聞いてもらいましょう。子育てに関してはマスタークラスの腕前ですし、なにより自分を育ててくれた人生の先輩です。すべてを分かってくれているママですから、話は早いです。「あんたのパパもそうだったわよ」「わたしも苦労したわぁ」、気がつけば肩の荷がおりているかもしれません。

そしてもうひとつ、ママとしてだけでなく女性としての自信や喜びも、ニコニコママになる大切な要素ではないでしょうか。

お互い、パパ・ママとして毎日忙しく日常と向き合っているおふたり。たまには初心にかえって、ふたりきりの時間を過ごしてみてはいかがでしょうか。いつしかパパ・ママと呼び合うようになった仲ですが、その日だけは特別に、付き合っていたときの呼び方や、名前で。照れくさいと思いますが、ここはいっそ開き直りましょう！　家で見るといつもゴロゴロ、くたびれた姿のパパかもしれませんが、外に出てバリバリ仕事をしている『男』のパパと一緒に歩けば、少しは見方も変わり、ちょっとだけ許せるようになれるかもしれません。

夫婦円満はこどもになによりの笑顔の材料です。パパママの関わりがその子の異性に対する原風景となります。どうぞ思う存分イチャついてください。こどもが憧れ、将来の素敵な恋愛に繋がるよう、いまいちど大切な人への気持ちを思い出してみてください。

そして、最後の最後にママを笑顔にしてくれるものは、なんといってもこどもの笑顔です。結局のところたったひとつ、ママの笑顔さえあればこどもは幸せでいられます。「なんだかよくわからないけれど、ママが楽しいと私も楽しいな」そんな純粋なことだけです。こどもはママの鏡です。こどもの顔が曇っているときはママの顔も曇っているはず、それに他なりません。優秀なママになんかならないで、どうか楽しげなママでいてください。

Q　夫の趣味が理解できません…

「ママ〜見て見て！」キラキラ輝く瞳で、手のひらいっぱいにダンゴムシを乗せて駆け寄ってくる我が子（男）。「なにやってんのやめて！」と思わず身を引いてしまうママを、園や公園でよく見かけます。かくいう私もこどものころ、お茶の缶いっぱいにセミの抜け殻を集めたものを母親に見せて、全力で振り払われた思い出があります。

分からんものをせっせと集めたり、危険なことにチャレンジする命知らずな人間を見て

「すっげぇなあいつ！」と驚くパパは、むしろ健全な男性ではないでしょうか。ママから見たらバカじゃないの？　と思うことが男の世界ではステータスだったりするのですから、これは永遠に共感されないテーマです。

車やバイクにプラモデル、ギターやゲーム・アニメなど…男性の趣味というものは、非常に孤独かつ内面的なものが多く見られます。女性のネイルやスイーツ食べ歩きのような、現実の延長にあり、また誰かと同じ時間を共有できるようなものではなく、非現実的な、自分だけの孤独な世界で遊ぶようなものが多い傾向にあります。

外に出て、社会で他人と比較されながら仕事を評価され、自分の思いよりも組織の方針を優先するような環境で生きる男性ですから、何物にも束縛や干渉を受けない趣味の時間くらいはそっと、ひとりにしてあげましょう。特にいつもカッコつけていたい（または頭の上がらない）ママに立ち入られ否定されようものなら、深く傷つきストレス発散や自分を強く保つことが出来なくなってしまう、男性は弱くて繊細な生き物なのです。

理解出来ないからと切り捨てることは、家庭やママ自身にとっても決して良い方向に進むことはありません。夫がコソコソとなにかを始めたら、静かに見守ってあげてください。

男性は基本的に真面目で、女性から見れば奇妙な要素を持っていますが、大切な人を守ろうとする責任感だけは本物です。愛するこどもと理解あるママがそばに居てくれる間は、閉じた世界にこもることはありませんので、安心して放っておいてください。

そして、夫を理解するということはそのまま我が子（男の子）を理解することにも繋がります。「またそんなバカなことして！」とお思いでしょうが、そのバカなことをさせてもらえないまま大人になってしまった男の子は、社会に出たときに魅力的な人間として見てもらうことは難しいかもしれません。

バカなことをすることで物事の境界線を見極め、それがのちの冷静な判断力や、大局的にものを見通す観察力に繋がるのです。また、バカなことを思いつく発想力や、

なんでも楽しもうとする柔軟な感性は、そのまま男性の包容力として発展していくものです。男の子同士の戦いごっこやちょっとしたケンカも同じことです。男の子の中には、女の子の持たない得体のしれないエネルギーの塊があり、それらを発散することで健全な状態を保てるのです。神さまであるママ自身がその発散のきっかけを奪ってしまったら、男の子はどうやってガス抜きをすればいいのでしょう?

私の尊敬する花まる学習会・高濱先生は、このように語っていました。「男らしさとは、例えるなら『カブトムシの角』。ママがボキッと折ることで、他のオスにはバカにされ、自分に自信の持てない生物になってしまう」

こどものころにバカなことをした大人の男性は、こどもの無茶の「見極め」ができるようになります。我が子とどうやって遊んであげればいいのかわからない、ご主人がそんなパパになってほしくないでしょう?

最後に、私のとっておきのエピソードを聞いてください。

小学生の男の子が好きなものは、『無敵』『最強』そして『ギリギリ』です。男の中の男を目指す私たちは小学生のころ、ある遊びをすることが男のステータスでした。

みなさんご存知のブランコ、その正面に安全用の柵がありますよね。限界まで漕いだブランコの勢いに乗ってその柵を、飛び越えることで、男らしさの証明を競っていたのです。そして、それを成功させた人間だけが到達できる神の試練もまた用意されています。

柵を飛び越えるのは序の口、真の男はその柵に着地をし、その中でも最も長く立っていられた人間こそが最強の勇者です。多くの人間が恐怖で尻込みする中、真の男である私はもちろん成功を連発。幾度もの挑戦を経て、俺は伝説になる！　と意気込みながらブランコを漕ぎ、目標地点をロックオン。辿り着く高さの限界点から、最高のタイミングでジャンプ！　首尾よく柵の上に着地をし、あとはバランスをとるだけ…そこで悲劇は起こりました。足が滑り両足は柵の前後にずれ、股間がバーに直撃…宇宙が見えました。ゆっくりと崩れ落ちるその瞬間の私の表情は、まるで仏のような慈愛の微笑みを浮かべていた、と当時の最高の親友は語ってくれました。悟りを得ることでひとつ上の段階にレベルアップした私は、懲りることなく挑戦を続け、現在に至ります。

男の子はこれでいいんです！　そんな私も大人になり、全力でこどもと遊ぶことも、危険をいさめることも、バランスよく出来るようになりました。（決して危ない遊びを推奨している訳ではありませんからね！）

全国の男の子を持つママ、お子さんやパパの行動が理解できないのは当然です。パパもママの趣味が理解できないことも当たり前だと思って、広い心で尊重してあげましょう。男女の特性が違うからこそ、バランスのいい子育てが出来るのですよ。

Q、こどもが元気に成長していく、おすすめの褒め方叱り方

褒めると叱る、これは難しいようでいて実は簡単です。大まかに言えば、褒めるときは大げさに。叱るときは落ち着いて、静かな声で。メリハリを利かせることがポイントです。

例えばトイレがひとりでできたとき。

「すごいじゃな～い。えらいえらい！　なんてお利口なのかしら！」よく頑張ったね～と、自分が出せる最大限の大げさな表現で、ぎゅ～っと抱きしめてあげましょう。

褒められて伸びたこどもは強いです。小さなころからしっかりと成功体験を積み重ねていますので、褒められる快感も身体に染みついています。自己の評価も自然と高くなりま

すから、「きっと出来るはず」と、ちょっとやそっとでは諦めません。「おれ、できたし」この自信は連鎖しますので、繰り返し褒めているうちに、やがては「もうひとりで出来るし！」と、自信満々の顔をしながら進んでトイレに行ってくれることでしょう。

間違えてほしくないのは、比べる対象を必ず『昨日までのわが子』にするということです。幼児期における優劣は、能力や資質ではなく、圧倒的に習慣の差や月齢差が大きいので、他の子と比べること自体がナンセンスです。その子自身の順調な発達の結果、周りのこどもと多少前後してしまうだけの話です。早く達成出来ることは、必ずしもいい結果を生むわけではありません。駆け抜けた結果、大事な中身を取りこぼすこともあります。その子のペースに合わせた形で、まずは『出来た』という成功体験を存分に味わせてあげてください。あくまでも越えるべき壁はこども自身です。

頑張ったけれど失敗してしまったとき。むしろこちらの方が経験値を上げるチャンスです。出来なかった部分よりも出来た部分を強調して褒めてあげること。「昨日より上手だったよ！」「次も頑張ろうね！」今はまだ反省は必要ありません。前だけを見て進みましょう。ここの部分を間違えてしまうと、失敗を恐れたり自己評価の低いこどもになってしまいます。せっかくの経験も、自信が持てずに本領を発揮できなかったり、一歩の勇気を踏み出せず不発に終わってしまうようでは、もったいないですからね。

私の中の『幼児の口から聞きたくない言葉ランキング』第一位は、「できな〜い」です。ちなみに二位は「つかれた〜」です。パパかママの口ぐせなのでしょうか。こどもはそう簡単に疲れません！　基本的に、その時期のこどもが出来ないようなことはそもそも園のカリキュラムに組み込んでいません。出来ることをやらせるか、ちょっと頑張れば出来ることにチャレンジさせるか、そのどちらかです。

「できな〜い」とこどもが口にしたら、私は即座に「できる！」と言い返すようにしています。そして、そのあとは決まって同じパターンです。「一緒にやってみよう、ほら出来た。頑張ったじゃないかえらい！」はやれば出来るのに、やる気がないか、やり方が分からないか、うまくいかないときは、この二つのどちらかが原因です。

こどもが「できな〜い」と言い出したとき、やってあげてはいませんか？その場合の多くは、出来るのにやらないか、甘えてやってもらいたいかです。『出来なかった、でも頑張った』このイメージをこどもが持てるようにしてください。お手伝いを頑張ってくれたときは、「ありがとう、ママとっても助かっちゃったわ」と、穏やかに褒めてあげてください。こどもはお手伝いが大好きになります。かえって仕事が増えてしまうときもありますが、ここで得られる「人の役に立つって嬉しいな」の感覚は一生ものです。

さて、叱り方についてです。方法は簡単です。大きな声を出して「叱る」のはただの「怒り」であり、あまりいい効果は望めません。そこはこらえて、『こどもの目を正面から見て、静かに、低い声で、無表情に』叱って下さい。伝統芸能である『能』の演者がつけているようなお面をイメージして下さい。あのお面は、見る人のイメージによってさまざまな表情にうつるようです。

私が幼稚園の年長だったころ、母と私、仲の良いママ友やそのこどもたちと一緒に旅行に出かけたことがあります。当時の私はそれはもう大はしゃぎ、公共の場であるレストランでもひとり騒いでいました。何度かたしなめられたものの、まるで効き目はありません。そんなときです。「たか、ちょっといらっしゃい?」母が私にこっそりと耳打ちします。ツツツ、とトイレの横に連れて行かれ…。「あなた、いいかげんにしなさいよ。これ以上騒ぐなら帰りなさい。ひとりで。」真夏のレストランが極寒の雪山に変化しました。

低くて静かな声。そして表情のない母。あのときの母の奥深いまっすぐな目は今だに寒気を感じます。母は母なりに、年長の私の立場も尊重してくれていたようです。他のお客さんやともだちの前で叱らないでいてくれたことは感謝していますが、その後のレストランでどのように過ごしたかは、正直覚えていません。

このように、恐るべき効果を発揮するのが『母の無表情』です。身をもって体験しましたので、効果は保証済みです。キーキー騒いで叱っても、そんなものはいつも通りの慣れっこです。こどもが思春期に突入し、関わり方が難しくなってしまう前に、ビシッと母の凄みを見せつけておきましょう。

こどもは感情の波を敏感に拾う生き物です。それだけに、ヒステリックにわめいているママと真剣に怒っているママを見分けることも容易です。不思議なもので、正しい叱り方をしたときほど、「ママぁん」と甘えてすり寄ってくるものです。こどもは大人の本気を見ています。根っこに愛情があれば、こどもはまっすぐに感じ、受け止めてくれます。

またこれは番外編ですが、一撃必殺のパパの怒り、という方法も効果的です。日ごろこまごまと叱るのはママの役目ですが、度を過ぎてしまったりここは締めておくべきといったところは、その家の最高権力者であるパパの出番です。

これは私が小学四年生の冬のころ。しんしんと雪が降り、外で遊ぶこともできない静かな日でした。仕事の合間にたまたま家に戻ってきた父が、「宿題はやったのか?帰ってきたらパパに見せてくれよ」と言います。生返事をしながらだらだらと時が過ぎ、母にガミガミ言われつつも二一時を迎えたところ、事件は起きました。「宿題はどうした?」「今やるとこぉ。」「そうか…。」スタスタスタ。「やらないなら、こんなのいらないよなっ」。私のランドセルが窓の外を飛んでいきます。「ちょっとまってよ」が言葉にならないまま、次々に空を舞う教科書、リコーダー、三角定規。ご丁寧に一段ずつ、引き出しがフリスビーのように横回転をしながらかっ飛んでいきます。最後に椅子が投げられ、私の勉強机がただの四角い美術品になったころ、嵐はようやくおさまりました。

「勉強したかったら自分で拾いに行け」そう言い捨てて父は部屋を出ていきました。こわいとかそんな次元ではありません。そのときの父の顔は覚えていませんが、部屋に入ってきたときはまったくの普通の顔でした。静かな雪の中を泣きながら拾いに行き、『母』に謝りに行きました。「ごめんなさい、パパに許して下さいと伝えていただけないでしょうか」締めるときは締める。ごちゃごちゃ言わない。正しいことは徹底的に。男女の特性の違いを発揮した、素晴らしい夫婦の役割分担だったと今は思えます。

最後の切り札があればママの叱り方にも余裕が生まれます。「わかりました、パパに言います」「おねがいおねがい、パパには言わないで。すぐやるからぁぁぁ」と、必死にママのスカートのすそを引っ張るようになれば、今後こどもがダラダラとタカをくくるようなことはないでしょう。これは父の威厳にも繋がります。それだけに、簡単に多用してはいけません。あくまでも最後の砦です。そしてこれは男の子には効果的ですが、女の子の場合には少し手加減が必要です。男性はオス同士の独特な力関係とルールがありますが、女性はまた違ったルールの中で生きています。

また、キャラクターの力を借りることも有効な方法です。三〜五歳児のこどもにとって、鬼やおばけは絶対的な権力者です。それより低年齢になってしまうと意味が伝わらなかったり、必要以上に怖がらせてしまったりするので控えましょう。また、小学生以上になると今度は見抜かれてしまい、鼻で笑われることになります。「そんなこと言ってるとおばけが来ちゃうよ」「悪い子は鬼の部屋に連れて行っちゃうんだからね」この言葉でぴたりと悪行がやみ、こどもによっては半狂乱になって取り乱す子もいます。私の園での二月三日・節分の日は、一年でもっともこどもたちの襟が正される興味深い一日です。

園によって取り組みに違いはありますが、私が以前勤めていた幼稚園では、その行事に特に力を入れていました。当日、鬼に扮した先生が、最近ちょっと（悪い意味で）調子に乗っているな、と思われる子をあらかじめ決めておき、そのこどもを部屋から連れ出そうとします。それをこどもたちが豆をぶつけて追い出すのです。他の先生たちが盛り上げてくれるなか、やがて保育室は阿鼻叫喚の地獄絵図と化した次の瞬間、大げさなアクションで、ゆっくりと鬼は倒れていきます。そのあとは無事にこどもたちと仲直りし、、学年によっては「はい握手」、という流れになるのですが、そのときのこどもたちの顔！　こんな必死な顔はなかなか見ることは出来ないでしょう。「鬼がこわすぎて、その日は園を休ませて下さいとうちの子が懇願するんです」と困った顔をしながらママに相談されたとき、効果を確信しました。（そのこどもについては、「〇〇ちゃんはお約束を守れるいい子だから、鬼はいやなことはしないよ、先生がちゃんと鬼に言っておく」と伝え、当日無事に登園できました）

こどもをこわがらせたくないと思う方もいるでしょう。これもまた程度問題ですが、根っこに愛情があり伝えたい教訓のある『こわさ』と、虐待や暴力のような、その先になんの教訓もない『恐怖』とは意味合いが違います。子育てに遠慮やブレは必要ありませんが、最後はしっかりと愛情で包んであげましょう。あとは程度問題です。

Q、お姉ちゃんばかり叱り、上の子に我慢させています。上手な兄弟の対応は?

「お姉ちゃんなんだから我慢しなさい!」ついつい言ってしまいがちですが、こどもからすればそんな大人の都合、知ったこっちゃありません。違うもん、わたしもママの子だもん、どうせ弟の方がかわいいんだ…愛されている実感が揺らいでしまう瞬間です。

下の子はどうしても上の子よりも物理的に手がかかってしまいます。ですが、上の子でひと通り経験していますので、手がかかりつつも心には若干の余裕が生まれています。ただでさえ小さくてかわいいのに、心に余裕がある分なおさらかわいく見えてきてしまいます。上の子には上の子のかわいさがありますが、どうしても「自分のことは自分で出来るでしょ」となってしまいます。比較対象が出来てしまったぶん、上の子は放っておかれたような気持ちになり、赤ちゃん返りが始まったりします。上の子もつらいですがママもつらくなってしまうので、しっかりと、上の子に心の準備をさせてあげましょう。

まずはママ自身の考え方から。「上の子と下の子どちらも私が面倒見なきゃ」この考えを少し変えて、「上の子と一緒に下の子を面倒見よう」まずはこう思ってみて下さい。ママvs上の子vs下の子の三つ巴の戦いよりも、ママ＋上の子連合vs下の子という図式にして、上の子も子育て関係者になってもらいましょう。「ママひとりじゃ大変なの、お手伝いしてくれる？」そう上の子にお願いしてママの味方になってもらい、出来る範囲でお手伝いしてもらうのです。そのお手伝いには「自分のことは自分でやる」も含まれています。ママのためにかっこいいところ見せてね＝いつも気にしてるよ、が伝われば、こどもが自分だけ仲間外れのように思ってしまうことも少しは減るのではないでしょうか。

上の子がまだまだ小さい場合は、やはりどうしても理屈抜きでさみしくなるものです。そんなときは無理に言い含めることは諦めて、ひたすら抱っこしてあげるかお菓子やジュースで気を逸らすしかありません。問題は上の子が、言葉や気持ちを理解できるほどの年齢だったときです。泣いて騒いでくれるならまだ気がつけますが、さみしい気持ちをただぐっとこらえ我慢するタイプの子は、どれだけ不安な思いを抱えているのでしょうか。上の子の精神を安定させ、心強い味方にするためにも、ぜひ『その子とママだけのふたりきりの時間』を作ってあげてください。絵本を読むときや眠れないときと同じように、誰にも邪魔の入らない静かな空間を作り、優しく話しかけてあげてください。「いつも構ってあげられなくてごめんね。〇〇ちゃんがいい子だから、ついママ頼っちゃうんだ」「あなたはわたしの大事な宝物よ」そう言って抱きしめてあげれば、心の安定を取り戻した上の子は、きっと下の子も大切に思ってくれるはずです。もしその時間に下の子が割り込んできたとしても、「今はお姉ちゃんの時間よ」と、きっちり分けてあげて。ママの一〇〇の愛情をふたりに分けるのではなく、ふたりにそれぞれ一〇〇の愛情を注ぐ。同じ時間帯では難しいですから、上手にタイミングをずらしてケアしてあげてください。

どの年齢においても、家族や他の人間から受ける兄弟姉妹同士の比較は、大人が考える以上に大問題です。こどもにとってはまさに生きるか死ぬかの問題であり、ここで劣等感につぶされてしまうと、立ち直ることは容易ではありません。勉強やスポーツならまだ努力で補えたり、別の得意な分野で勝負したりと工夫できますが、親の愛情だけは努力では手に入りません。ただ生きてるだけで愛されてるんだ、この気持ちに自信が持てなければ、それは神さまに見放されてしまうのと同じことです。

私にも歳の離れた弟と妹がいますが、私がかなり大きくなってから生まれたので、親の愛情を下の子にとられたような感覚はありませんでした。ですが、父が小さな弟や妹を見つめるときのあたたかいまなざしは、素直に羨ましいと感じました。大人でも覚えたこの気持ち、もしこれを、愛情を独り占めしたい時期に感じてしまったとしたら…。きっと羨ましいでは済まない、強烈な衝動に駆られたことでしょう。ある種恋愛に似た、大好きな人を独占したいという気持ち。そしてその後にくる猛烈な孤独感。ひとりっ子として育ったママは、恋愛に置き換えてみると少しは共感できるかもしれません。

そしてもうひとつ。これは上や下に限った話ではないのですが、ママが娘についやってしまいがちなこととして、「謙遜のつもりで娘の悪口を言う」または「姉妹（または兄弟）を比較して他人に話す」が挙げられます。「そんなことないのよ、うちの娘なんて全然ダメで〜」。ママに悪気は全然ないですし、次の瞬間には忘れているような、とるに足らないことかもしれませんが、こどもは一生忘れませんね。ママ自らが『ダメな子』の烙印を押してしまっては、なんのための子育てなのか分からなくなってしまいます。同性だけについ言ってしまうのでしょうが、同性だからこそ傷つく言葉です。心当たりのあるママ、どうかお気を付け下さい。

お子さんがたくさんいらっしゃるママは、それをどう乗り越えたのでしょうか。園の中でも特に明るくて頼りがいのあるママ、Kさんにお話を聞いてみました。Kさんは、上は高校生から下は幼稚園の年中さんまで、五人のお子さんを育てるパワフルなママさんです。

「たくさんお子さんがいると、そのぶん子育ても大変になるものですか？」「いえ、そんなことはないと思います。確かに下の子にかかりきりになってしまうときもありますが、そんなときは上の子が助けてくれますから。こどもが増えると着替えの手伝いや片付けの手伝いなど、時間をとられることも増えますが、こども同士で協力し合い、ときにはケンカの仲裁までしてくれます。わたしの家ではこどもに、『自分のことは自分でやる』よう

最初から言ってあります。こどもの自立のためなのはもちろんですが、一番の理由は私自身が楽になるためです。余裕がなければ、こどもに笑ってあげられませんから。」

Kさんの言う通り、こども自身がお片付けやお着替えを自分でやることが当たり前だと思っていれば、自然とママが手伝う頻度も減り、負担も軽くなります。「これは自分がやるものだ」と思っているのと、「ママがやってくれないと出来ない」と思っているのとでは、気の向き方、作業の効率も違ってきます。「ママが忘れちゃったから忘れ物しちゃった」というこどもの言い訳は、この気持ちの違いの表れでしょう。「ママにやってもらうのはあかちゃんだよ。そういうときは『ママ、忘れてるよ』って教えてあげられるのがかっこいいんだよ」と、私はお話するようにしています。

兄弟姉妹がいる喜びってこういうことなのかな、Kさんのこんなひとことで、私も少しだけ感じることが出来ました。「子育ての喜びって、日常の何気ないところで不意に感じたりするんです。わたしは、五人のこどもたちがみんなで揃って水泳の番組を観ているところを後ろから眺めたときに感じました。みんな園でスイミングを習っていたので、自然と興味が湧いて観ていたのだと思うのですが、こどもたちが同じものに興味を持って、同じようなポーズで観ているのがなんだかすごい奇跡のように思えて。あぁ、こどもがたくさんいてよかったなぁと、ふっと幸せに感じたんです。」

ご家庭の中だけでなく、園生活でも同じことが言えます。みんな違う人間だからこそ、同じことを同じ気持ちで取り組んだとき、よりいっそうの感動が生まれる。そのための園であり、そのための集団生活なのですから。

Q、「じぃじ と ばぁば」が孫を甘やかし過ぎて困ります

どうして孫は可愛いのか。それは説明出来ませんし、説明するだけ無粋というものです。ママが我が子を可愛いと思うことと同じくらい当たり前であり、またそうでなくてはいけません。子育ても一周終わり、パパママが我が子を見守る場所、そこよりさらに高い場所から、じぃじばぁばは我が孫を見つめています。私たちにはまだまだ到達できない、懐の深いじぃじばぁばの愛情は、こどもにとっては万軍の味方を得たに等しい頼もしさです。孫は常に正義であり、全肯定なのです。まさに『これでいいのだ』。

じぃじはたったひとつのことしか望みません。『元気で笑っていておくれ』健康でさえいればどうにでもなるじゃないか。たくさん食べてたくさん遊んでたくさん眠っておくれ。そのささやかな祈りから生まれる行為が、『孫におやつを与える』なのです。

こどもがものを食べている姿はとてもかわいいのです。こどもの趣味や流行によって、おもちゃにはどうしても当たり外れがあります。ですが、プリンやケーキといった甘いものは、孫の笑顔を百発百中で引き出す鉄板の選択肢です。一緒に遊ぶにしても、こどもの無尽蔵の体力には最後まで付き合いきれません。その点おやつに関しては、食べてる間は静かですし、〝あむあむ〟と口いっぱいに頬張るさまはもうかわいさの極み、そのまま食べてしまいたくなるほどの愛らしさを見せてくれます。ここまでコストパフォーマンスの良さを見せつけられては、頼りたくなるのも無理ありません。

ほほえましい話ですが、これはママからすれば非常にやっかいな悩みです。なにせ怒れない。目を離すとこっそりあげるし、それを注意するとしまいには「お前の嫁はいつもこわいねぇ」なんて憎まれ口を叩いて。これはもう受け入れるしかないんです。自然の摂理と思い、ロハスな気持ちで対応しましょう。

じぃじがおやつを与える前提で物ごとを進めていく方が、かえってスムーズかもしれません。とはいえ、おやつの食べ過ぎは確かにこどもにとってはよくありません。晩御飯の時間もずれますし、半端なタイミングで満腹になって眠り出してしまったら、また夜中に目が覚めてしまいます。じぃじとまともにぶつかってしまったら、話を聞かないじぃじvs融通の利かない（と思われてる）ママという、世にも不毛なバトルが始まります。さらに相手は男性としてのプライドもいまだ持ち合わせていますから、やはりそこは立てる必要もあり…ママにとっては分の悪い、イライラしか生まれない組み合わせです。

じぃじと一緒に暮らしているママは、じぃじの行動範囲に与えたくないものを置かないようにしましょう。こどもに大人気なんですよ、なんて言っておいて、目の届くところには野菜チップスなど、健康的なおやつを仕込んでおきましょう。

別の場所で暮らしているじぃじは、大量のおやつを用意しながら、今か今かと孫の来訪を待ち構えています。ひとつかふたついただいて、残りはみんなお持ち帰りです。じぃじのおやつ、家でも食べたいって大人気なんです、と微笑みながら。

孫の笑顔が見たいだけのじぃじになんの罪もありません。こどもにとってはおひさまのような存在ですから、割り切って上手に立ち回りましょう。普通の食生活であれば、多少のおやつ程度では健康にはまったく影響ありません。もちろん体質的なものもありますので、気になる方はその分めいっぱいの外遊びを。体力もついて一石二鳥です。

ただし、アレルギーなどの生死にかかわるようなものは話が別です。時代的にじぃじには理解されづらい要素なので、ここはママの本気の迫力で押し切りましょう。そう、別の項目でお伝えした『能面』で対抗するのです。遠い昔の若きころ、ばぁばにやられた恐怖を思い出していただきましょう。

さらに手ごわいばぁばの登場です。ばぁばはとにかく口が立ちますし、なにより子育てをやりきったという自信があります。口ではとても太刀打ちできませんし、最終的には理屈が通じないこともしばしば。子育てマスターをやり込めることは至難の業です。実の親であればバチバチにやり合ってもらうのもいい経験ですが、ご主人側のばぁば（いわゆるお姑さん）となると、どうしても遠慮してしまいます。

一番困ってしまうのが、驚異の行動力（まれに思いつきも含まれます）によって、しらないうちに話を進められてしまうこと。「幼稚園の見学、○日に申し込んでおいたからね」

「頼んでいた○○、もったいないからキャンセルしたわよ」などなど…。そんな困ります、と言っても、いまさら変更なんて私の顔が立たないわぁ、と返されてしまう。そんなこと言われても対応しきれません！

おせっかいに映るかもしれませんが、誰よりも家族全員のことを想ってくれているのがばぁばです。時代の変化よりも、私はこれで乗り切ったから、という確かな経験則がありますので、若いママはやっぱり頼りないなぁと思ってしまうのでしょう。また、家族に頼られたいという気持ちもあると思います。

そんなばぁばと敵対してしまうことは、今後の子育てを考えると得策とは言えません。やはり女性同士、情で動く生物なのですから、一度関係に亀裂が入ってしまうと修復に時間が掛かります。ママが少し下手に出るだけで、根が明るいばぁばはケロッと忘れて許してくれるでしょう。子育てにおいて、安心してママの代わりを務められるのはばぁばだけです。多少の出来事はこどものためと割り切って、受け流すようにしましょう。そもそもばぁばは思いついたら即実行！　のスタイルなため、意外と後のことを考えていなかったり、口を出したらそれで満足だったりするときもあります。

「この服を着させなさい！」↓「うわぁかわいいですね、今度一緒に買いに連れてってくださいね！」

「この幼稚園がいいわよ！」↓「はい、今度見学に行ってきます！　資料はあとでお見せしますね！」

すべてよかれと思ってやってくれてるのですから、まずはいったん受け入れて、こちらの問題にしてしまいましょう。その場の話で終わることもありますし、ばぁばが用意してくれる場合もありますが、そこまでしてくれるならいっそまるまるお願いしてみるのもいいかもしれません。え、私がやるの？　と思ったら、なおさら頑張ってくれるか、考え直して別のいいアイデアを持ってきてくれるかもしれません。これもまた自然の摂理です。じぃじと同じく、ロハスな気持ちで対応しましょう。

私の園にも頼りになるばぁばがいます。M先生は、四〇年以上学校教育に携わっているバリバリの現役で、いまだにこどもの前で側転を披露するほどの若さをお持ちです。なので、ばぁばと呼ぶのはちょっと失礼かもしれません。この方が園に居てくれる間は、私や園長も安心して任せることが出来ます。それどころか、小学校との協議や園児の通院など、

M先生が園に居ないときの不安といったら…それはそれは大きいものです。いつも気をつけてほしいけれど、今だけはケガをしないでねこどもたち！　と痛切に感じます。知識や経験はもちろんですが、ばぁばだけが持っている圧倒的な安心オーラは、どんな理屈よりも人をホッとさせる効果があります。ママ達の話を聞いて安心してもらうことは私にも出来ますが、「うんうんそうなの…だいじょうぶよママ！」のひとことだけでホッとさせる力は、私が生涯辿り着くことの出来ない領域です。こどもや保護者、そして先生たち園全体のママとして、いつも笑顔を振りまいてくれているM先生が私は大好きです。

子育てに悩み、傷ついたとき、最後に頼れるところはやっぱりばぁばです。誰よりもママの気持ちを共感してくれるばぁばは、ママが本当に辛いときは、きっと守ってくれることでしょう。たまには意地悪なときもありますが、実は単純にさみしくて拗ねていただけだったりする、愛すべき先輩ママです。

「主人がばぁばの味じゃなきゃいやだってごねるんですよ！」

「そのアクセサリー素敵ですね、よかったら作り方教えてください！」

褒められ、頼られていやな気持ちになるばぁばはいません。それぞれ立場は違えど、こども命！　の気持ちは同じです。子育てマスターからたくさんの技を学び、それをまた後輩の新米ママに伝えていってあげましょう。

Q、子どもの学習内容が理解できません…

A、まずはこの問題を解いてみてください。『7＋7÷7＋7』。答えはいくつになりましたか？　フムフム、『9』ですか。…残念、正解は『15』です。こんな簡単な問題、と思っていても案外難しかったり、そもそもまるっきり忘れてしまったりしていますから、こどもの勉強は意外な強敵です。いまさら人に聞けないし、こどもの前ではカッコつけていたいものですが…。そんな自分は棚において、やれ早くしなさい、字が汚い、しまいには絶対に言ってはいけない「なんでこんなことができないの、お姉ちゃんを見習いなさい！」これではこどものやる気はガタ落ちです。

結論から言えば、ママは勉強の中身については無理に関わらないでください。そばにいてイライラしたり、余計なひと言でこどものやる気を削ぐよりも、学習環境を整えることに専念して下さい。気が散るものはしまってありますか？　ＤＳや漫画やテレビのリモコンが近くに置いてあったら、私だってつい手に取ってしまいます。せっかくそばに居てくれてるのに、肝心のママがスマホをいじっていたら、なんの意味もありません。

勉強に限らず、スポーツでもなんでもそうですが、『出来ないからつまらない』のです。こどもが出来ないと思ってしまうのは、ママが褒めてくれないからです。テストで八〇点をとったとき、こどもに対して「八〇点もとれたんだすごいね！」と言ってあげていますか？「あと二〇点かぁ、もうちょっと頑張ろうね」この言葉のどこに頑張れる要素があるというのでしょう。勉強が出来る子（＝勉強が好きな子）のママは、言葉がけがすごくポジティブです。目先の成績なんて、なんの意味もありません。まずは『俺って出来るんだぁ、ふふん♪』という自信を持たせるところから始めましょう。

そしてさらに言うなら、こどもの発達の段階によって、ママも学習環境への取り組み方を変えていくといいと思います。

まずは幼児。この時期のこどもに勉強は必要ありません。ただひたすらに遊んでください。というよりも、遊ぶことそのものが今は勉強なのです。色々なことに興味を持つ中で、その子が好きになれるものが見つかるよう励ましてあげましょう。

小学校低学年になったら、まずは勉強が習慣になるよう、生活のリズムに組み込んであげてください。「宿題やったの?」やるわけないですよね、そんな習慣は今までなかったのですから。「ご飯の前に、さぁさ宿題するよーん」最初はママも一緒に取り組んで。分からないところはそっとヒントを出して、こどもの「あ、分かった!」を引き出してあげてください。ママが教えてしまったら、それはただのママの手柄なだけです。答えを聞きにくるより、解き方を聞きにくるこどもになってほしいなぁと思いますので、こどもにはたくさんの成功体験を積ませてあげてください。そのうちできるようになるでしょ、くらいに構えて気楽に対応しましょう。ここでキリキリ絞ってしまうと、『勉強ってつまんない』という印象しか残りません。テストが返ってきたら、出来てるところを大げさに褒めてあげて下さい。ちなみに、この時期のこどもに対してはテストの復習はしても無駄です。済んだことに興味はありません。今はただ成功体験を積ませることに専念してください。『わかるまでやる』が必要なのはもう少し後になってからです。

私の中の『小学生の口から聞きたくない言葉ランキング』第一位は、「わからな〜い」

です。これは非常に危険な言葉です。

「わからな〜い」を多用するこどもは、『何がわからないのかもわからない』場合がほとんどです。思考の放棄に繋がってしまいますから、まずはなにがわからないのか、をその子の言葉で引き出しましょう。本当にわからないときもたまにありますが、そのこと自体に気がつかないまま大人になってしまうとあとが大変です。

こどもと一緒に勉強をしていて私が一番嬉しくなる瞬間は、こどもの頭の上にピコーン！と電球が光ったときです。閃いたぞ！というやつです。こどもは新しい刺激が大好きです。それを自分で見つけた瞬間、その子の頭の中では大量の脳内物質（ドーパミンといいます）が放出されています。この甘い喜びを知ってしまったら、答えなんか絶対人に聞きたくありません。この習慣が身に付いてしまったら、むしろどうしたら勉強が嫌いになれるのか教えてほしいくらいです。「わかんなーい教えて〜」といわれたときと、「待って、まだ言わないで！」と言われたとき。あなたはどっちが嬉しくなりますか？

Q、この子がいてくれてよかった。叱りすぎたときは謝った方がいい？

こどもの寝顔は天使です。現実世界のあらゆるしがらみから解き放たれ、夢の中ではどんな大冒険を繰り広げているのでしょうか。そんな寝顔をみながら、全国の悩める子育てママはこうつぶやいていることでしょう。「わたし、ダメなママだね。ごめんね。」

そもそも『ママ』とはなんでしょうか。地位や肩書ですか？それとも試験に合格して取得する資格のことでしょうか。違いますよね。『ママ』とは子を持つ女性の生きざまそのものを表す言葉です。そのことに誇りを持つことはあっても、劣等感や負い目を持つようなものではありません。そしてそれは、時間をかけてゆっくりと身につけていくものです。例えるならスイミングスクールのように、まずは一五級、顔を水につけてぶくぶく～からスタートするものです。そこから少しずつ上達していって、最後は四泳法のメドレーリレーです。いきなりバタフライで豪快に泳げる人なんて、ひとりもみたことありません。誰だってママ一五級からスタートするのです。

例えば仕事中、ひとりで洗濯物をたたんでいるとき。ふと、「今ごろなにしているのかなぁ」「そういえばあの時の顔、かわいかったなぁ」と、こどものことを想ったとしたら。それだけであなたは素敵なママです。誰にも、なにも文句は言わせません。

こどものことだけを想い、自分の信念に基づいてこどもを叱ったときは、たとえ言い過ぎてしまったとしてもそれは謝る必要はありません。その瞬間は悲しんだり傷ついたりするかもしれませんが、こどもは、本気で自分を想って叱ってくれた衝撃を一生覚えています。あの時の出来事があったから自分はここで踏ん張ることが出来た、そう思えるくらいに。感情の波を敏感に感じ取るこどもは、言葉には出来ませんが、その想いはみんな心で理解しています。どうか胸を張ってください。ときにはついつい感情的になってしまったり、勘違いから責めてしまい、あとで間違いに気づくようなこともあるでしょう。当然です、人間なんですから。そんなときは素直に謝りましょう。

こどもの持つ特性の中でママに一番やさしいものは、『すぐに忘れてくれる』というところです。例えば朝、こどもを起こしに行く前に。前の日についつい叱りすぎてしまった、気にしてるかなぁ…と心配しながら扉を開けると、そこには「おっはよ～ん♪　あれ、どしたの？」とはしゃぐ元気な我が子の姿が。こどもが小さい間はこども自身が許してくれるのです。こどもを許し、許してもらいながら、ときには弱音を吐いたっていいのです。こどもと一緒に成長しましょう。ママはなにがあってもこどもの味方、こどもはなにがあってもママの味方です。ママが疲れているときは私がやさしくしてあげなくちゃ、そうこどもが想えたときに、こどもの情緒はより深く豊かになります。

最後にひとつ、ママの覚悟についてのエピソードを聞いてください。

僕が小学生のある日、母と一緒に、テレビを観ていたら、ある番組の中で殺人事件の報道が流れ始めました。なんの気なしにたいして深い意味もなく、「ねぇ、もし僕が悪いことをしてしまったらどうする？」と母に尋ねました。全力で被害者の方に謝りに行くわ、とか言うのかなぁと思っていたら、母はにっこりと笑いながらこう言いました。「もちろん、あなたと私、ふたり分の命を差し出してつぐなうわ。わたしの大事な分身が起こした事件は、わたしがしっかり責任をとらなくちゃね。」語尾にハートマークをつけながら斜め上す

ぎる回答をくれた母に対して、僕が瞬間的に感じた思いは、「この母なら絶対にやる！」という戦慄でした。

穏やかなこの本に似つかわしくない物騒な発言の引用ですが、どうか誤解のないよう、最後まで聞いてください。このエピソードのポイントは、母の発言を一切の疑いなく僕が信じることができた、というところにあります。その言葉の説得力は、日頃の僕に対する母の想いに対する信頼からくるものだと、あとになって気がつきました。一度も僕に手をあげたことのない母、「あなたはわたしの宝物よ」と抱きしめてくれる母が責任をとるということは、これほどの重みなのか。その覚悟を肌で感じた僕は、生涯罪を犯すことはないだろうと確信しました。

コラム　伝説のママ・Sさんのこと

私の勤める幼稚園には、伝説のママがいます。

Sさんにはたくさんのお子さんがいるのですが、その数なんと一〇人。いま園に通っているお子さんは、その中の八番目になります。Sさんの最初のお子さんはすでに成人しており、いまや立派な社会人です。

初めてこどもが生まれたときはご夫婦がまだまだお若いとき。支えてくれる家族はいたものの、ともだちは結婚すらしていない状況で悩みを理解してくれる人間は少なく、また性格的にママ友を作るのは苦手で、育児の情報はひたすら本を読むか、お医者さんに質問するかのどちらかだったそうです。子育ての苦労やイライラをどうやって乗り越えたのか、この本を書くにあたり真っ先にお話を伺いたいと思ったのがSさんでした。

新藤　ひとりめのこどもと今のこども、育てるのが大変なのはどちらですか？

Sさん　断然ひとりめです！　今より体力はありますが、とにかく情報も経験もないので、いつもイライラしたり、途方に暮れていたりしました。今はもう気持ちにも余裕があり、それに他のこどもたちが助けてくれますからね。

新藤　今と昔、子育てにどんな違いがありますか？

Sさん　例えばこどもが園に行きたがらないとき。昔は無理矢理にでも行かせていました。ちゃんとしなきゃ！　という思いが強かったのかもしれませんね。今は、「そっか、それなら行かなくてもいいよ」と無理に行かせず、様子を見ることにしています。園を嫌いになってほしくないし、理由があるわけですから一日くらいいいかぁ、なんて思います。

ホントはよくないですよね（笑）少し時間を置いたり、お菓子やおもちゃで気分を変えてから話を聞くようにしています。

新藤　イライラしないように工夫していることはありますか？

Sさん　自分自身よりも、こどもの気持ちを落ち着かせることを先にしよう、と思っています。理屈よりも先に感情を落ち着かせてからじゃないと、話も出来ないですから。その結果こどもに笑顔が戻れば、自分も自然と笑顔になれます。だってかわいいじゃないですか！

新藤　こどもがたくさんいると大変だったり、愛情が分散したりしませんか？

Sさん　それは思ったことないですね。食事や洗濯の量は多いですが、こどもたちが手伝ってくれますから。愛情に関しても、一〇人いればそれぞれに違うかわいさがあって、それぞれの年齢でしか見られないかわいさもありますから。みんなかわいいです！

新藤　子育て中のママになにかメッセージをもらえますか？

Sさん　メッセージ？　そうですね…イライラしてしまうときは、どんな手段を使ってもまずはこどもの気分を変えてあげた方がいいと思います。ずるいかなぁと思っても、お菓子やおもちゃで気を引いて、まずは笑顔にさせる。自分が落ち着くためにはそれが一番の近道じゃないかな、と思います。あと、ママ友は無理に作らなくても大丈夫ですよ。本当に必要な相手なら自然と仲良くなれますから。それと、こどもとずっと一緒にいられるのは今だけです。小学校に上がるまでの短い期間だけですから、その時しか見られないかわいさをいっぱい味わってください。もしイライラしちゃっても大丈夫、こどもはすぐに忘れてくれますから（笑）そこはこどもに甘えちゃってもいいかもしれないですよ。

お話をしていて感じたのは、なんておだやかであたたかい空気なんだろう、ということでした。「なんかよくわかんないけどなんとかなるかぁ？」と思わせてくれるような圧倒的なほのぼのオーラ！　どんな理屈も無意味、こんなママに育てられたらグレないなぁ、と納得させられました。

最後にひとつ、Sさんに質問しました。

新藤　いま現在、子育てに悩みはありますか？

Sさん　実は最近悩んでるんです。一番下の子が幼稚園を卒園したら、わたし昼間ひとりぼっちになっちゃうじゃないですか…それがさみしくてさみしくて。あぁどうしましょう…。

もうこの方には一生勝てません。

その時はぜひうちの園に、パートさんとして来て下さい。

こどもだけでなく、たくさんのママの心も和ませてくれると思います。

ひとりぼっちのママたちへ

座談会

花まるグループ 代表　高濱 正伸 先生
田中 章義 先生
新藤 孝彰 先生

編集　本日はお忙しい中お集まり頂き有難うございます。現在、田中・新藤両先生にご執筆いただいている『ニコニコママ』にハズレなし」という子育て関連本の発刊に臨みまして、高濱先生が二〇〇八年に上梓された「弧母社会～母よ、あなたは悪くない～」は大変興味深い内容でした。そこで今回僭越ながら座談会を企画させていただきました。よろしくお願い致します。

高濱先生が経営される「花まる学習会」は設立して二一年目とお伺いしています。「メシの食える大人を育てる」という目的の下、多くの卒業生を社会に送り出していらっしゃいますね。

高濱　事務局で調べれば分かりますが、相当な数になっていると思います。

編集　新藤先生の「川口ふたば幼稚園」でも花まる学習会の教室を開講されているんですよね。

新藤　はい。幼稚園のこどもたちだけでなく地域の小学生などが通ってきています。「花まる学習会」の教員の方々は、こどもたちとの関係はもちろん父兄との距離も非常に近いんですよ。同じ教育者としてはとても参考になります。

高濱　うちの教室では、お迎えに来る父兄の方が多く、帰宅の際に教員とお母さんが話し込むというのは毎日の光景。特別なことではありませんね。父兄の方々との交流は卒業した後も続き、最近は結婚式に呼ばれることも珍しくはありません。一般に「寿貧乏」と揶揄されますが、教育者としては嬉しい限りです（笑）。

（注）花まる学習会は一九九三年に設立。当時は二〇名足らずの学習塾でした。現在では全国

規模にまで発展し会員数一八、〇〇〇名を超えるまでになりました。第一号教室は新藤先生の御祖母様が後押しされた「川口ふたば教室」でした。

編集 さて、高濱先生が「弧母」というものに出会われたきっかけとはどんなものだったでしょうか？

高濱 当時「虐待」のお母さんがいらっしゃって、両親ともに学校の先生、特にお母さんは「真面目かあさん」でとても頑張っていたんですが、私には「無理してんなぁ」という人に映ったのがきっかけでした。こどもはいわゆる「盗み癖」のある子で、盗みといってもその辺のものをポケットに入れて持って帰っちゃうような子でした。無意識に反社会的行動に出て、こども自身も親に怒られるのが分かっていながら物を持って帰ってきちゃうようなこどもさんでした。

田中 元々高濱先生がお預かりしていた生徒さんだったのですか？

高濱 最初は学習相談にこられた一般の親子でした。当初は「宿題のやり方」といったどこにでもある親子の悩みを受けたんですね。最初は「格好付けてんなぁ…」といった、それこそ真面目ママの典型のような印象でした。二度三度と相談を重ねていく中でようやく「実は宿題のことなんてどうでも良くて、うちの子が物を盗ってきてしまう」という本音が出てきたんです。そのときに、「ご主人にはどんな話をしておられるのですか？」と聞くと「主人になんか言えないです…」と。

要するに「家の中のことはお前の仕事だろ」「こどもがこうなっちゃったのはお前の責任だ」み

たいな扱いになってしまうからご主人に言えない。ご主人の家柄や仕事のことを考えるととても相談できる環境でないと。えらく寂しいお母さんだな…と感じた中で「相談できるお友達はいないんですか？　幼稚園でママ友とかいたでしょう？」とさらに聞いてみたら、「私、ワイドショーとか観るお母さんと話が合わないんで…」と格好を崩さない。孤立しちゃっていたんですね。世間に対して「キチッ」としたところを見せることで、自分を認めてもらいたいと居場所を探すような感じ。子育てに関して素っ裸になれない。「孤立しているなぁ」というのがきっかけでした。

新藤　高濱先生がお感じになられた「弧母」は、当時稀有な存在だったんですか？

高濱　それまでにも同じような「ひとりっきり母さん」という方は、指導を通して随分いらっしゃいました。お迎えに来たお母さんの中にも「他の人には言えないです…」「主人に相談したら何を言われるか分からない…」といった方は居たのです。

新藤　それが先生が本の中でお話されている「家族カプセル」という閉鎖された社会の中で生活をしていることが原因の一端であるという事につながっていくのですね。最近のお母さん方の傾向とあまり変わっていないように感じるのですが？

高濱　基本的にはほとんど変わっていない様に感じます。お母さんのタイプとして「リーダーシップを発揮している方」「青年期に部活などで精力的に活動していた方」などは、悩みを抱えていても自身やそのコミュニティの輪の中で解決してしまうことが多いようです。一方、輪の中に入り込めない人も当然居て、そんな方が「家族カプセル」という孤立したコミュニティの狭間で苦しんでいるように感じます。

田中 先日、二〇一四年度上半期の「児童の虐待件数」が過去最大となったという報道がありました。ここ数年を見ていても右肩上がりという状況が続いていると報道に出ています。冒頭に「虐待のケース」のお話がありましたけれど、児童虐待の件数に含まれないような予備軍は相当数あるのでしょうか?

高濱 あると思いますね。自宅への帰り道で「明らかにやり過ぎだろ」という光景を見ることもありますし、こどもの「イヤァ、助けてぇ!!」という叫び声が何日も続いたもので、実際に相談所に通報したこともあるくらいですから。それ以来ピタッと止まりましたけれど。

編集 新藤先生にお聞きしますが、幼稚園の現場でもそのような事例はあるのですか?

新藤 園でお預かりしているご家庭の中で、実際に「虐待」が行われていたケースも過去にありました。ですが、それは数年に一度あるかどうかという稀なケースです。ただ、児童相談所から園に「こどもの普段の様子はどうですか?」「親御さんの様子に変化はありますか?」といったような連絡は、毎年必ずあるのが現状です。

田中 「他人事」だと思っていた問題が、日常のごく近い場所にも存在する出来事だったのですね。

高濱 レベルの問題もあるかもしれません。一番多いのは虐待までは行かないものの、こどもに「ピシッ」と手を上げてしまうケース。どこのご家庭でも、育児の中で手が出てしまうことはあると思います。決して体罰を肯定しているわけではないのですが、親御さんもこどもに手を上げてしまった後、夜に寝顔を眺めて反省しているんです。「ダメだなぁ私…」と思いながらも、翌日こどもが同じことをしていると、急にスイッチが入っちゃう。これが毎日続くことでイライラのハードルが段々と低くなって、「ピシッ」というのが日常化しているという感じかもしれません。

編集　そもそも「なぜお母さんはイライラするのでしょうか」？

高濱　「子連れの熊は怖い」という理論です。基本的に女性がこどもを産むと「この子の為に」とか「何かあってはいけない」と警戒するのが本能なんです。ちょっとした不安に対しても敏感に反応してしまうのが生き物の本質だと思うんです。どのお母さんにお話を聞いてみても「こどもを産んでからたくましくなった」と言いますし、「どう猛」になるのは自然の摂理だと思うんです。特に孤独な環境下では、ご主人のチョットした仕草が気に入らないとか、こどもの不安そうな顔を見ただけで過敏に反応してしまう、生き物全般に言えることではないでしょうか。

田中　そんな「どう猛」なイライラママ達は、自分自身の「本能」に気が付いていらっしゃるものでしょうか？

高濱　全く気付いていないと思います。「愛情溢れる理想の母親像」と「どう猛」さのギャップの中でもがくから、イライラするんでしょう（笑）。イライラするのは当たり前。そう感じれば、お母さん方も自身を責めなくなるのだと思います。

田中　この時期の「どう猛」な女性だからこそ、「より良い子育てに貪欲になる」という面もあるのではないでしょうか？

高濱　そうなんです。「どう猛」な時期と言うのは女性にとって生命が一番輝いてるときなんですよ。「こどものためなら何でもする」というのは、男性には真似できない。

編集　パートナーであるパパは、「どう猛」なママを自然の摂理として理解しているのでしょうか？

高濱　九九％理解していないでしょう（笑）。男は女性と真反対。いつまでもアイドルを求めるようなところがありますからね。結婚前の「やまとなでしこ」を奥さんに求め続けるでしょう。結婚前に好きな男の前で演じていた「女子力全開」が忘れられない（笑）。

新藤　夫婦の理解って、「イライラの認知」から始まるのかもしれませんね。

高濱　イライラが当たり前のことと認識できたら、子育てもだいぶ楽になると思うんですけどね。

新藤　冒頭のお母さんは、虐待の日常化を高濱先生にさらけ出してアドバイスを得たことで、イライラから脱却が出来たようですが、家族カプセルという閉鎖的な空間の中では誰にも相談出来ずに居る孤独なお母さん方が、全国にはたくさん居るように思えるのですが？

高濱　評論家やカリスマ先生のような人間だけが、イライラから解放してくれるわけではないと思います。本当に悩みをさらけ出せて共感してもらえるような、身の回りに居る「先輩母さん」「近所のおばさん」だって充分に効果はあるはずです。「私の時もそうだった」「わかるわかる」といって共感して、悩みを持つお母さんを抱きしめてくれるような「少し前の日本によくあった光景」で随分と変わる気はします。

田中 二世代くらい前の地域社会には、どこにでもあった風景でしたよね。地域の「お節介おばさん」のような…。

高濱 そうです。例えば女性に縁のない男性には、お見合い写真を持っていく。そんな風景は今では皆無ですよね。「お節介」とか「世話焼き」が当たり前にあった時代でも子育ては大変だったでしょうけれど、今ほど虐待の文字は世の中にありませんでした。

田中 現代の子育て事情の中では、「お節介おばさん」は逆に疎んじられてしまう存在ですね。

高濱 子育て中のママ同士からすれば、お節介を焼くママなどは「あの人ウザいよね」なんて軽く言われてしまう。ママ友の間では次々と交代で攻撃対象が循環している。現代の「お節介」や「世話焼き」は存在しにくい環境であるとは思います。基本的に「自分の子育てには口を挟まないで!!」「私もお宅の子育てには何も言わないから」といった風潮は強いですね。

田中 そうなると「家族カプセル」の負の連鎖から抜け出せない…。

高濱 女性はお腹の中で一〇ヶ月もの間、生命と向き合う時間がありますが、父親の場合はあっという間に、それも訳の分からない一瞬のうちに「お父さん」にならなくてはいけない。だから唯一の理解者であるべき「父親」でさえ、育児の悩みや問題にどう対応したらよいのか分からない。そんな時にお母さんが幼稚園で攻撃されたと知るや否や、幼稚園の園長先生のところに怒鳴り込む。糾弾のメッセージのオンパレードになってしまう。最近の教育現場では父兄からの抗議糾弾はテクニックが上達していて、何かあるとすぐに「録音」したり「書面で回答しろ」となる。子育ての場合、教員と父兄の関係は「あなたと私で一緒になって進めていくもの」なのに、家族カプセルの外側に居る人間をすべて排除しようとする。これが不幸の元かな？　と感じることがあります。「地域と父兄とこどもを編み込む」ような社会が必要だと思っているんです。

新藤　私なんかは、地元で生まれ育ち、地元で仕事をして生活している。ご近所で評判の「偏屈おばさん」と言われている方とお話することもありますが、私にとっては偏屈でもなんでもない「他人の役に立ちたい世話好きなかわいいおばちゃん」に映ります。ただ、周りの若い世代がそれを受け入れることができない。その地域に住む世代の入れ替わりが進むことで、「偏屈」と呼ばれるまでのハードルがドンドン低くなってしまっているのではないでしょうか。世話を焼く側の問題というよりは、受け入れる側の心の余裕や、人間関係の希薄さが問題のように思います。

高濱　「あの人変わっているね」というレッテルを貼ることで、「自分たちが正常なんだ」と確認をするという動きは父兄の中にもありますね。

田中　いわゆる「いじめ」の縮図が至る所で行われているということですか？　学校や幼稚園、ママ友の仲だけでなく、一般社会の中にも普通に存在しているいじめ。本の中でもお話されていますが、「いじめは歴史上無くなった事がない。あって当たり前のもの」なのかもしれません。

高濱　「鈍感力」。「そのくらいは何処にでもあるよね」と気にせずに生きていけるような鈍感力が必要となるわけです。うちの教室では、小学校の卒業式講演の中で私自身が小学校でいじめられた経験をお話しています。私は見ての通り「でこっぱち」。随分同級生にからかわれたんです。こどもには「いじめの無い除菌主義の世界を目指すのも良いけれど、これからの人生でいじめは必ず起こるよ」「いじめられた時、その状況を打ち破る術を持ちなさい」と非難を承知で現実を話します。

いじめを乗り越えるには二つのタイプがあって、ひとつは最初の一撃を受けたときに「やめろ!!」と大声で言い返せるかどうかで決まります。動物同士が「ガウォ!!」と睨み合ったときに「ガウォ!!」と応戦すれば、それ以降は絡んで来ない。私は小学校のとき、「ガウォ!」と応戦できず、弱気に受け入れてしまった。これがまさに「さぁ、いじめてください」というシグナルに変わってしまうんだ、と話しているんです。相手はからかって遊んでいるつもりでも、攻撃を受けたこどもは「死ぬほどの想い」を感じていく。いじめの構図はいつも同じなんです。本人が気にしている「体型」「出自」「家庭環境」「経済格差」など子ども自身がコンプレックスになってしまっている事ほど傷は深い。そんな時に「うるせっ!　この野郎!」と応戦すれば、ケンカにはなったかもしれないけれど、いじめにはならない。

新藤　ケンカする勇気がいじめを未然に防ぐと？

高濱　当然、ケンカの出来ないこどもは数多くいます。そんな子には「武道や部活」を薦めています。他人より少しでも上達すること、昨日の自分より今日の自分が上達していることで、力関係が拮抗するはずです。また、何か自信を持って活動をしている子はからかわれません。武道や部活・スポーツだけでなくピアノやダンス何でもいい。部活の県大会や全国大会を目指すほど熱中し自信を持っている子は、からかわれても「ハァ?」と聞き流すことが出来るわけです。何か得意技を持つことで、「からかい」の相手をしない土壌が作られるわけです。

田中　父兄の中にはケンカやいじめに介入して事態を収拾しようとする方もいると思うのですが？

高濱　「親がケンカに乗り込み、子は友を失う」という事が多くの悲惨な事例を招いています。普段のお母さんたちも頭のどこかでキチンと理解しているのです。ただ、母と子二人だけの世界に没頭してしまったとき、何かせずにはいられないというのは、当たり前の感情だと思います。ただでさえ不安なのに「いじめ」という三文字が頭をよぎった瞬間、感情がピークに達してしまう。そんな時、他人とのつながりの中で、「そのピーク、わかるわぁ」「私たちの時代にもいじめあったよねぇ」と一息入れてくれる環境が無くなってしまった。そんな時代だからこそ、こどもがいじめに耐えようとしている段階を理解し、こどもに対しての溢れる愛情を少し抑えて、いつも通りの生活を続けて見守ってあげて欲しいと思います。

田中　現在進行形で「いじめ」に苦しんでいるこどもやお母さんへのアドバイスはありますか？

高濱　いじめの度合いにも寄りますが、即効性のある対処法としては「転校」があります。お母さんとこどものストレスを、一端リセットする方法です。こどものいじめ問題に親が介入することは、攻撃しているこどもにとっては絶対に許さない誹謗中傷の的です。親が介入し学校の先生が仲介して事態の収拾が計られるのは一時的なもので、時間がたてば陰でまた同じことが行われていく。大人が介入することは、事態の収拾に努力しようとしているこどもの立場を奪ってしまうだけです。大人はこどもの改善能力を信じて、新しいステージを与えてやること。スポーツでもお稽古事、趣味など、何かひとつこどもが自信を持って取り組めるものを提供してあげたらどうでしょうか。

田中　教育者としての立場として、こどもの生命が脅かされるようなケースがあった場合、大人としてやらなければならないこともあるのではないでしょうか？

高濱　その通りです。分かって頂きたいのは、いじめを思春期特有の病気や怪我のように肯定しているのではないこと。いじめは存在してきたし存在し続けるもので、その前提でどうやって対処していくかということなんです。小中学校の教員向けの講演会でもお話させていただいているのは、教員である以上こどもたちに「お前その辺でやめとけよ」ということを任された人間なんだということ。現場で直接、こどもに寄り添って真横から見ることの出来る職業なんですから、「見立て」という勝負をしなくてはいけないのです。こどもへの普段の観察から、「最近暗い顔をしているな」

とキャッチをした後にある程度様子を見る場合と、「これは相当キテるぞ」と感じれば「いい加減にしとけよお前たち」と介入する場合と、教員自身のさじ加減が必要な職業だと思うんです。このさじ加減に「答え」などありませんが、教員自身が生きてきた「人間力」で、大人としてこどもに対応していくことが重要だと考えています。

編集　いじめたり、いじめられたりいう経験は、我々親世代にも身近にあったものかもしれませんね。

高濱　そうだと思います。私自身の経験上、攻撃していたこどもたち程、時間が経てば見事なくらいに忘れてしまいますが、攻撃された側はいつまでも覚えているものです。いじめの程度という問題もありますから簡単には言えませんが、成人になって再会すると何も無かったかのように親しい付き合いになったりするものです。また、攻撃された側も皮肉のひとつを言ったりして。私自身も親友と呼べる奴は当時「でこっぱち」と連呼した人間です（笑）。

田中　これまで「母親の心の安定」を目指して色々なお話をお伺いしてきました。家族カプセルに閉じこもったお母さん方の扉を開くには、どんな手段があるのでしょうか？

高濱　お母さん方への講演をして思うのは、母親は「物語（体験談）」と「理解」、あなたの悩みは特別じゃありませんよ、というメッセージを伝えていくと、お母さん方の顔色が段々と明るくなるのが解かります。「あなたの事、よくわかってますよ」という姿勢が家族カプセルの扉を開くヒントかもしれませんね。お母さん方の「わかって欲しい」「かまって欲しい」「ねぎらって欲しい」という信号を、地域を含めた周囲が見逃さず反応してあげないと、孤独な母親は解放されませんからね。

田中　子育て中、一度も不安になったことのない親はいないと思います。同様に、孤独を感じたことのない母親も。孤〝独〟（こどく）の〝毒〟素をデドックスするためには、夫でも学校でも幼稚園でも塾でも、こどもの事を真摯に想ってくれる、信頼できる「チームメイト」の存在が不可欠で大きいですね。

編集　一方、父親とこどもの付き合い方が、どうしてよいか分からないというパパが増えていると聞きます。実際の現場ではいかがですか？

高濱　こどもと男性の付き合い方って、「遊び」に尽きると思います。「正しい事を教えてくれる大人」に対してこどもは尊敬しますが、そこに「遊び」と言うエッセンスが加わる事で、こどもの尊敬の眼差しは何倍にも輝いてきます。実は「遊び下手のお父さん問題」で本が一冊書けるくらい重要な課題だと思っています。小さな女の子だと「パパとは遊びたくない」なんて平気で言いますからね。パパが凹んでいるのを楽しんでいたりします（笑）。大人こども問わずして、女性には「可愛げボックス」というものがあると思うんです。「なんかドジだけど、一生懸命で放っとけない」という母性の中で男性は生きているんだと感じる事があります。男の子二人兄弟のお母さんは、「うちは三人兄弟で、お父さんが長男」なんてご家庭ほど、ママがピカピカしていたりするものです。

田中　創立以来二一年間の長きに亘って、高濱先生が現場で培われた言葉に我々は「なるほど」と感じることがたくさんありました。これらは現場での経験から得られたものですか。

高濱　やはり、応援してくれたお母さん方の影響そのものです。私がお話しする多くは、これまで卒業していったお母さん方の知恵がヒントになったものばかり。二一年前、青臭い私の理想論に耳を貸してくれ、こどもたちを育てなくてはならない私が、実は父兄のお母さん方に育てていただいた。当時の「お節介お母さん」の知恵を、私が現代の「弧母」に伝えているだけです。

新藤　もしかしたら、高濱先生ご自身が「お節介おじさん」なのかもしれませんね（笑）。

田中　せっかくですから「お節介」という言葉は止めて、みんなが呼ばれたくなるような別の名前を考えませんか（笑）。

新藤　「ハッピーおじさん」というのはどうでしょう…（笑）。

田中　ちょっとノー天気すぎ（笑）。高濱先生、ぜひ、これは、という呼称をお願いします（笑）。

高濱　では、学習会のお迎えに来るお母さん方に聞いてみましょう！　でも「ハッピーおじさん」だけは止めて下さいね（笑）。

田中　子育て中のパパとママが今日も笑顔でありますように…。

編集　本日は有難うございました。

あとがき

アフリカに、「こどものころに食べた蜜の味はいまだに舌に残る」という言葉が語り継がれている。北欧では、「みんな誰もがこどもだった」という言葉が語られている。古今東西、多くの親たちが子育てに奮闘し、様々な葛藤をしてきた。〝子育ては、親育て〟とも言われている。こどもと過ごす日々がもたらしてくれるものは、どんな時代のどんな書物にも勝るかけがえのないものなのではないだろうか。

ところが、近年、こどもたちを取り巻く環境がずいぶんと変わってきている。国内でも、目を覆いたくなるような事件や虐待が続いている。二〇一二年度に全国の児童相談所がこどもの虐待に関して受けた相談は、前年度より約六九〇〇件増え、これまでで最も多い六六八〇七件となっていることが厚生労働省から発表されている。同年上半期の全国の警察が摘発した児童虐待件数は二四八件で、前年比の六二．一％増にも及んだ。これは児童虐待防止法が制定され、統計を取り始めた二〇〇〇年以来、最悪の結果だった。

日常の子育ての些細なストレスが積み重なることで、取り返しのつかない事態に発展してしまうことがある。不安を抱え、疲れ切ってしまった誰もがその予備軍だ。本来なら、一生の貴い醍醐味であるはずの子育てを、ありえないような惨事としてしまわないために私たちは何ができるのか――そんな問題意識を持った、子育て中の編集チームによって本書は企画された。延九〇〇〇名の卒園生を誇る幼稚園の現役副園長と、こどもを幼稚園に通わせている父親歌人という組み合わせは、この編集ユニットによってもたらされた。

私自身、もうすぐ四歳になる娘と一歳児の長男を持つ父親だ。

長女が生まれた時には、「映像を撮る父親の多けれどあらたまの歌を詠みて言（こと）祝（ほ）がむ」「みのり、このは　子に贈りたき名を思（も）えば吾（あ）の子にあらず大地の子なり」などの歌を詠み、その後も成長に合わせて、「子の口も大地ならんや生（は）え初（そ）むる空木（うつぎ）の色の乳歯を見れば」「上二段活用のように階段を昇れる君の未然形を愛す」などの歌を詠んでいる。動物園に行ってはこどもを詠み、ともに寝てはこどもの歌を詠み、と最新歌集『天地（あめつち）のたから』（角川学芸出版）には、自然とこどもの歌が多く並んだ。長男が生まれてからは、「寝姿はじゃがいもなればバター色の寝具の上で蒸かされており」などの歌も詠んだ。

そんな新米パパの私は、この春、長女を幼稚園にお任せしようか保育園に託すべきかで、家族でずいぶん話し合ったことがあった。保育園で育った私は本来なら保育園でこどもを、と思っていたものの、ある幼稚園のこどもへの取り組みを知って、最終的にはこどもの意向を尊重しながら、幼稚園を選択したのだった。

こどもたちと過ごす日々の中で、つい感情的に叱ってしまいそうになることもある。つい、口うるさく注意してしまうこともある。本書の質問項目は、実際に子育て中の人たちから、「ぜひ訊いてみたいこと」を募集し、得票の多かったものを中心に編集した。こうした質問に親身に応えてくれている指南書があれば、ぜひわが家にも一冊常備したいなあ、と思いながら、この「質問役」を担ったのだった。

回答してくれたのは、半世紀近くにもわたって地域の人々から信頼されている幼稚園の副園長だ。祖母は平成一六年に六九歳で亡くなるまで、幼稚園園長として幼児教育にエネルギーを注ぎ続けた人だった。現職のまま亡くなった園長・新藤たか子さんは、硫黄島最高司令官の栗林忠道陸軍大将の末娘としても知られている。クリント・イーストウッド監督の『硫黄島からの手紙』でも描かれた栗林大将は、当初司令部が置かれていた小笠原諸島・父島から指揮をとる予定だったものの、司令官こそ第一線に出向くべきだと、自ら硫黄島に赴いた人だ。一兵卒と同じ食事をし、同じ水の量で一日を過ごし、部下たちの苦しさを、身をもって体感した指揮官だった。入院した兵士がいれば自ら運転して見舞いに行き、マラリアにかかった部下がいれば、自ら率先して氷を届けてあげるような人だった。部下だけに戦わせるのではなく、師団長が最後の攻撃に自ら出撃したのは、日本軍では栗林さんの他にはいないのでは、と言われている。そんな父を持ったか子さんは、結婚後、大学で幼児教育を学び、昭和四四年に夫と共に幼稚園を設立したのだった。その祖母を最後まで介護したのが、本書の質問に回答してくれる若き副園長だ。

折しも、平成二七年度から、「子ども・子育て支援新制度」が始まろうとしている。新制度は、平成二四年八月に成立した「子ども・子育て支援法」「認定こども園法の一部改正法」「子ども・子育て支援法及び認定こども園法の一部改正法の施行に伴う関係法律の整備等に関する法律」の「子ども・子育て関連三法」に基づく制度だ。幼稚園の保育園化、保育園の幼稚園化とも言われるこうした新制度によって、何がどう変わろうとしているのか。「認定こども園」の普及によって、幼児教育の何が変わるのか——子育て中のすべての人々に有益な情報を届けよう、という願いのもと、制作チームは本書を刊行した。

幼稚園を世界で初めて設立したフレーベルは、「幼稚園とは、こどもの庭だ」と語っている。こどもたちの健やかな成長を願う一人の保護者として、本書が豊かな庭に咲く草花のように潤いのある存在となったなら嬉しい。こどもたちはまるごと、未来だ。日本にも世界にも、すばらしい未来が広がっていくことを願っている。

田中章義

著者紹介

田中 章義（たなか・あきよし）［第5章、おわりに、各章扉の短歌］
静岡県生まれ。大学在学中に第36回角川短歌賞を受賞。雑誌の連載、歌集・絵本などの刊行のほか、テレビ・ラジオに出演し温厚な人柄とマルチなコメントは好評を博す。
2001年、国連WAFUNIF親善大使に選ばれ、世界100ヶ国以上の国々を歴訪。ライフワークは‘世界の万葉集’を編むこと。近著には『世界で1000年生きている言葉』（ＰＨＰ文庫）『野口英世の母シカ』（白水社）など。

新藤 孝彰（しんどう・たかあき）
埼玉県生まれ。「学校法人　川口ふたば幼稚園」副園長。大学卒業時、幼児教育・家業継承を決心するも、学校経営より現場第一主義を選択、幼稚園教諭となる。祖母であった前園長の遺志を受け継ぎ、在卒園児は9,938名を数えた（2014年度現在）。
こどもに対する的確で情熱的な指導は教育センスを感じさせ、父兄への繊細な心配りが周囲からの信頼を厚くしている。映画「硫黄島からの手紙」のモデルとなった「栗林忠道大将」は曽祖父、父は川口ふたば幼稚園園長であり、衆議院議員「新藤義孝」前総務大臣。

「ニコニコママ」にハズレなし！

初版第1刷発行　2014年11月11日

著者　田中章義
新藤孝彰　2014©Akiyoshi Tanaka+Takaaki Shindo

挿画　山川典夫

発行　株式会社 風音色
〒160-0008　東京都新宿区三栄町3番地11　ecoビル3階
電話　03-3354-0279　FAX　03-3359-3278

発売　株式会社 三元社
〒107-0052　東京都港区赤坂2-10-16　赤坂スクエアビル6階
電話　03-5549-1885　FAX　03-5549-1886

印刷　株式会社 モリモト印刷
製本　株式会社 越後堂製本
ISBN978-4-88303-369-0
C0070
Printed in Japan